Cajun Küche

100 köstliche Rezepte aus Louisiana

Cajun Küche

100 köstliche Rezepte aus Louisiana

MARJIE LAMBERT

KÖNEMANN

This book was designed and produced by
Quintet Publishing Limited
6 Blundell Street
London N7 9BH

Original title: Cajun Cooking

Creative Director: Terry Jeavons
Designer: Stuart Walden
Project Editor: Judith Simons
Editor: Susie Ward
Food Photographer: Trevor Wood
Home Economist: Judith Kelsey
Assisted by Jonathan Higgins

© 1995 für die deutsche Ausgabe
Könemann Verlagsgesellschaft mbH
Bonner Straße 126, D-50968 Köln
Redaktion und Satz der deutschen Ausgabe:
Michael Ditter, Köln
Übersetzung aus dem Englischen: Cornell Ehrhardt
Druck und Bindung: Sing Cheong Printing Co., Ltd.
Printed in Hong Kong
ISBN 3-89508-044-6

Bildnachweis

(o. = oben; u. = unten; r. = rechts; l. = links)

Michael Freeman: S. 9, 11, 66 o.l., o.r., u.l., 67, 109
Fremdenverkehrsbüro Lousiana: S. 6, 7, 10, 12, 22, 27, 34, 42, 44, 50, 66
u.r., 84 l., r., 88, 106

INHALT

EINFÜHRUNG

— ★ —

Die Küche von Louisiana ist durch den Einfluß der zahlreichen ethnischen Gruppen entstanden, die im Laufe von 200 Jahren in diesem amerikanischen Bundesstaat eine Heimat fanden. Doch jede Zutat dieses kulinarischen Schmelztiegels hat ihren eigenen Charakter und Ursprung.

Die Bewohner von Louisiana – und speziell von New Orleans – schätzen gutes Essen, das sie am liebsten mit Freunden genießen. Diese unverfälschte Liebe zum Essen und Kochen hat auch das Faible für prominente Küchenchefs und chice Trendlokale überdauert, das die amerikanische Gastronomie in den 80er Jahren beherrschte. Viele der besten Restaurants in New Orleans sind bis weit über die Grenzen von Louisiana bekannt und existieren bereits seit Jahrzehnten – Ausnahmeerscheinungen in einem Wirtschaftszweig, der für seine Unstetigkeit bekannt ist.

Und wenn Cajuns erzählen, wie ihre Vorfahren von Nova Scotia (Neuschottland) nach Louisiana kamen, gehört bezeichnenderweise auch eine Geschichte über das Essen dazu:

Als britische Soldaten im Jahr 1755 die französischen Siedler aus Nova Scotia und ihrer Kolonie Akadien vertrieben, weil diese die britische Herrschaft nicht anerkannten, verließ mit den Akadiern auch der Hummer das Land. Die Akadier und der Hummer, so berichtet die Legende weiter, zogen jahrelang durch Kanada und die Kolonien an der Ostküste der späteren Vereinigten Staaten, bis sie nach Louisiana kamen, das knapp ein Jahrhundert zuvor von Franzosen besiedelt worden war. Hier, wo sie Landsleute fanden und Sumpfgebiete, die außer ihnen keiner haben wollte, ließen sich die Akadier nieder und errichteten ihre Siedlungen südlich und westlich von New Orleans an den Flußarmen von Süd-Louisiana. Der Name Akadier verkürzte sich – nach vielen Jahren falscher Aussprache – schließlich zu Cajuns. Und der Hummer, der durch die lange, beschwerliche Reise ganz klein geworden war, ließ sich in den sumpfigen Flußarmen und Gewässern nieder und wurde zum Flußkrebs.

Der Flußkrebs, Louisianas wertvollstes Fischereiprodukt, gehört auch heute noch zu den besten »Freunden« der Cajuns. Er ist eine wichtige Zutat – und das inoffizielle Markenzeichen – ihrer Küche, die auf der ländlichen Küche ihrer französischen Vorfahren basiert, jedoch durch regionaltypische Zutaten abgewandelt wurde und einen eigenständigen Stil

besitzt. So setzen sich Gumbos zum Beispiel weitgehend aus den gleichen Zutaten zusammen wie eine französische Bouillabaisse, doch wird ihr Ursprung durch die Zubereitungsmethoden der Cajuns verdeckt.

In der Küche der Cajuns fand all das Verwendung, was Landwirtschaft, Jagd und Fischfang boten: In den sumpfigen Flußarmen und Gewässern Louisianas gab es Flußkrebse, Alligatoren, Frösche und zahlreiche Fischarten. Die Feuchtgebiete an der Küste waren – und sind – ein Rastplatz für Enten und andere Wildvögel auf ihrem Flug zwischen Kanada und Südamerika und für viele andere Vögel ein Winterquartier. Der Golf von Mexiko lieferte Garnelen, Austern und Meeresfische. Auf ihren Farmen hielten die Cajuns Hühner und Schweine, und in ihren großen Gemüsegärten wuchsen Bataten, Tomaten, Kürbisse, Auberginen und selbstverständlich Okraschoten, die in dem fruchtbaren Boden und dem subtropischen Klima prächtig gediehen.

Die kreolische Küche ist die raffiniertere städtische Version der Cajun-Küche. Auch sie hat u.a. französische Wurzeln, wurde aber stärker durch die Kochkultur anderer ethnischer Gruppen beeinflußt. Louisiana, das im frühen 18. Jahrhundert französische Kronkolonie war, fiel später an Spanien und kam dann erneut unter französische Herrschaft, bevor die Vereinigten Staaten das Gebiet 1803 im großen *Louisiana Purchase* von den Franzosen kauften. Es gab viele Einwanderer aus Deutschland, Italien und Ungarn, und durch den Sklavenhandel kamen Tausende von Afrikanern nach Louisiana. Und auch die eingeborenen Indianer hatten Einfluß auf die Küche. Als Hafenstadt war New Orleans überdies ein Zentrum für den Handel mit den westindischen Inseln, Kuba und Mexiko. Im Vergleich zu der herzhaften, ländlich geprägten Cajun-Küche ist die kreolische Küche eher aristokratisch. Doch in vielen Fällen sind die Grenzen zwischen diesen beiden Kochkulturen kaum noch erkennbar oder sogar gänzlich verschwunden.

Neben ihren regionaltypischen Zutaten zeichnet sich die Küche von Louisiana durch dicke und komplexe Saucen, die Verwendung von Roux (Einbrenne) und frisch gekochten Fonds sowie lange Garzeiten aus. Auch Gewürze spielen eine wichtige Rolle. Louisianas Köche sagen, ihre Gerichte müßten so schmecken, daß jede Geschmacksknospe gereizt und zum Tanzen gebracht werde. Die meisten Cajun-Gerichte sind stark gewürzt – mitunter scheint es, als brauche man für bestimmte Speisen den gesamten Inhalt seines Gewürzregals, doch in Wirklichkeit sind die Aromen sorgfältig aufeinander abgestimmt und bewirken ein ungeahntes Geschmackserlebnis. Vieles wird auch mit reichlich Cayenne- oder anderem Pfeffer gewürzt. Eine Vielzahl von Rezepten basiert auf dem Dreigestirn der Louisiana-Küche: gehackte Zwiebeln, Paprikaschoten und Bleichsellerie.

Obwohl die Cajuns seit mehr als zwei Jahrhunderten in Süd-Louisiana leben, hat es lange gedauert, bis ihre Küche auch außerhalb ihrer Region, die sie Neu-Akadien nannten, bekannt wurde. Geografisch blieben die Cajuns weitgehend isoliert, bis Mitte der 70er Jahre ein Highway durch die wilde Landschaft des Atchafalaya-Beckens gebaut wurde, der eine direkte Verbindung zwischen New Orleans und dem Herzen des Cajun-Landes schuf. Wenige Jahre später hatte die Cajun-Küche auch

GEGENÜBERLIEGENDE SEITE: *Lafayette ist das kulturelle Zentrum der Akadier, und es gibt dort ein rekonstruiertes Cajun-Dorf aus dem 19. Jahrhundert zu besichtigen. Im Frühjahr kann man am Azalea Trail, der hier zu sehen ist, die prachtvolle Azaleenblüte bewundern.*

OBEN Avery Island *liegt in der Nähe von New Iberia, mitten im Cajun-Land. Das 120 ha große Gelände ist ein Paradies für Naturfreunde, wo Kamelien, Iris, Azaleen und tropische Pflanzen wachsen und Reiher ihre Nistplätze haben.*

außerhalb von New Orleans viele Freunde gefunden, und schon bald wurde ganz Amerika von der kulinarischen Cajun-Welle überrollt.

Viele lernten die Cajun-Küche durch *blackened redfish* kennen, scharf gewürzte Fischfilets von Rotem Umberfisch, die sehr rasch bei sehr hoher Temperatur gebraten werden und schon beinahe verkohlt aussehen. Obwohl das Gericht nicht zur traditionellen Cajun-Küche gehört, entwickelte es sich aufgrund seines hervorragenden Geschmacks schnell zu einem Klassiker. Für viele Leute, die von der über 200 Jahre alten kulinarischen Geschichte der Region nichts wußten, wurde *blackened redfish* gleichzeitig auch zum Inbegriff der Cajun-Küche. Aufgrund der großen Nachfrage war Roter Umberfisch bald so knapp, daß der Staat Louisiana den Verkauf der vor der Küste Louisianas im Golf von Mexiko gefangenen Fische vorübergehend untersagte. Die Gumbos, Jambalayas, Étouffées und Flußkrebse – deren Geschichte in die Sagenwelt der Cajuns eingegangen ist – fanden außerhalb von Louisiana kaum Beachtung, und man hielt alles für Cajun-Küche, was angekohlt aussah oder mit Cayennepfeffer gewürzt war.

Als das »Cajun-Fieber« nachließ und die Köche aufhörten, von Austern bis Auberginen alles bei starker Hitze anzukohlen, zeigte sich, daß die Rezepte und Zutaten der ländlichen Küche Süd-Louisianas überall auf den Speisekarten ihre Spuren hinterlassen hatten. *Catfish* (Wels) wurde gesellschaftsfähig. *Andouille*, eine pikante geräucherte Schweinswurst, fand viele Freunde – und Nachahmer. Zahlreiche Köche nahmen Jambalayas in ihr Repertoire auf, und »Barbecue-Garnelen nach Cajun Art«, die allerdings nicht gegrillt, sondern in einer unglaublich scharfen Buttersauce mit Cayenne und anderem Chili gegart werden, erfreuen sich größter Beliebtheit.

In gewisser Hinsicht verkörpert die Cajun-Küche eine Kochkultur vergangener Zeiten: Ungeachtet des heutigen Kalorien- und Cholesterinbewußtseins enthalten Cajun-Rezepte riesige Mengen an Fett, Butter und Sahne. Zugeständnisse an eine gesunde Ernährung gingen von einigen bekannteren Restaurants, z.B. dem *Commander's Palace Restaurant* aus, das leichtere Saucen, Gumbos ohne Roux und leichte Soufflés mit traditionellen Zutaten kreierte.

Dieses Kochbuch versucht, einen ähnlichen Weg einzuschlagen. Bei vielen Rezepten ist die Menge an Roux reduziert und Crème double durch normale Sahne ersetzt. Und dort, wo der Geschmack der Gerichte nicht leidet, werden Gemüse in weniger Öl sautiert und Fische und Fleisch nicht fritiert, sondern gegrillt oder gebraten. Andererseits sind schwere Saucen und Sahne ein wesentliches Merkmal der Cajun-Küche. Ließe man die Roux, die Cremesuppen, üppigen Sahnesaucen und fritierten Speisen weg, bliebe von dieser traditionsreichen Kochkultur nichts übrig.

TRADITIONELLE ZUTATEN DER CAJUN-KÜCHE

OBEN In den Markthallen des French Market im französischen Viertel von New Orleans verkaufen Cajun-Farmer seit über 200 Jahren ihr Obst und Gemüse.

Man sagt, das Sumpfland sei die Speisekammer der Cajuns, und in der Tat liefern die Sümpfe eine der wichtigsten Zutaten der Cajun-Küche – die Flußkrebse. Auch andere typische Zutaten, darunter Frösche, Alligatoren und Welse, kommen aus den Sumpfgebieten. Garnelen, Austern und Dutzende von Fischarten verdanken die Küchenchefs von Louisiana dagegen dem Golf von Mexiko. Die Jagdleidenschaft der Cajuns steuert Enten, Kaninchen und andere Wildtiere bei. Und die Geschichte der Cajuns in Louisiana, die über 200 Jahre zurückreicht, ist die einer ländlich geprägten Bevölkerung mit Gemüsegärten und kleinen Farmen mit Hühnern und Schweinen.

Viele Zutaten der Cajun-Küche sind auch hierzulande erhältlich, doch ist die Auswahl zumeist geringer als im Cajun-Gebiet selbst. Vermutlich bekommt man bei seinem Fischhändler keine Meereskrebse oder Austern aus den Gewässern von Louisiana, doch gelingen die Rezepte in diesem Buch auch mit Meeresfrüchten anderer Herkunft.

Zutaten, die in der Küche von Louisiana häufig verwendet werden, sind Reis, der die kräftigen Saucen aufnimmt und die Schärfe der Cajun-Gerichte mildert; Cayennepfeffer und scharfe Chillies, die getrocknet und gemahlen zum Würzen genommen werden; kreolischer Senf, ein scharfer brauner Senf mit ganzen Senfkörnern; Maisstärke zum Panieren fritierter Speisen; Okraschoten, die in Stücke geschnitten zum Andicken von Gumbos dienen; *filé powder*, gemahlene Sassafras-Blätter, mit denen Gumbos gewürzt und angedickt werden; Chayote, ein birnenförmiges Gemüse, das wie Gurken zur Familie der Kürbisgewächse gehört; eine

Vielzahl von Kräutern, darunter Petersilie, Thymian, Oregano und Basilikum; Pekannüsse; Pfirsiche; Auberginen, Frühlingszwiebeln, Artischocken Bataten, rote Kidney-Bohnen, Tomaten und selbstverständlich das allgegenwärtige Gemüsetrio bestehend aus grüner Paprika, Zwiebeln und Bleichsellerie. Alle der oben aufgeführten Zutaten sind bei uns erhältlich – mit Ausnahme von kreolischem Senf und gemahlenen Sassafras-Blättern. Und Chayoten kommen nur sehr selten auf den deutschen Markt. Anstelle von kreolischem Senf kann man einen anderen scharfen Senf mit ganzen Körnern verwenden. Sassafras-Blätter und Chayoten lassen sich nicht ersetzen.

FLUSSKREBSE. Diese Süßwasserkrebse, die wie kleine Hummer aussehen, sind zum Sinnbild der Cajun-Küche geworden. Obwohl Flußkrebse mit Ausnahme von Afrika überall auf der Welt vorkommen, spielen sie ausschließlich in der Cajun-Küche eine so wichtige Rolle. Neunzig Prozent der weltweit vermarkteten Flußkrebse stammen aus Louisiana, und die meisten werden auch dort verzehrt. Nur ein geringer Teil wird in andere Länder exportiert, vor allem nach Finnland und Schweden. Aufgrund der

*GEGENÜBERLIEGENDE SEITE Rad-
dampfer auf dem Mississippi halten die
Erinnerung an das 19. Jahrhundert wach,
der Zeit von Mark Twain und der
schwimmenden Spielhöllen.*

*RECHTS Die Flußarme und Sumpfgebiete
Louisianas sind von betörender Schönheit
und lassen sich – alleine oder mit einem
Führer – vom Paddelboot aus bewundern.
Alligatoren sind hier ein gewohnter
Anblick.*

wachsenden Beliebtheit der Cajun-Küche ist die Nachfrage nach Flußkrebsen in den letzten Jahren derart gestiegen, daß sie in Louisiana mittler-
weile in Teichen gezüchtet werden, die oft gleichzeitig dem Reisanbau dienen.

Überall im Cajun-Land von Louisiana findet man kleine Lokale, die
ganze gekochte Flußkrebse servieren. Es ist eine der einfachsten Mahlzei-
ten, die man sich vorstellen kann: In einem großen Suppentopf Wasser
zum Kochen bringen, einen Meereskrebs, einige Garnelen und Zitronenscheiben hineingeben und einige Minuten köcheln lassen, damit sich
die Aromen entfalten. Dann die lebenden oder aufgetauten Flußkrebse
hinzufügen und 10 Minuten kochen. Aus dem Topf nehmen und servieren. Um bei Tisch das Fleisch auszulösen, den Krebsschwanz mit einer
drehenden Bewegung vom Körper abziehen und das obere Panzerstück
entfernen. Den Krebsschwanz umdrehen, auf das Schwanzende drücken
und das Fleisch vorsichtig in einem Stück herausziehen. Den Darm auf
der Rückenseite entfernen und das ausgelöste Krebsfleisch essen.

Flußkrebse werden lebend, gekocht und tiefgefroren oder in Form
von ausgelösten, vorgegarten Krebsschwänzen angeboten; mitunter bekommt man sie bei Fischhändlern oder Feinkostgeschäften allerdings nur
auf Bestellung.

Eine Spezialität der Kreolen und Cajuns sind Flußkrebse, die
während ihrer Häutung gefangen werden. Sie werden auch kommerziell
gezüchtet. Wenn die Häutung stattgefunden hat, werden die weichen,
fleischigen Tiere sofort aus dem Wasser genommen und eingefroren, so
daß sich kein neuer Panzer bilden kann. Außerhalb von Louisiana bekommt man sie nur in einigen wenigen Restaurants, die sich auf Cajun-
Gerichte spezialisiert haben. Das gelborange »Fett« der Flußkrebse, bei
dem es sich in Wirklichkeit um die Leber und Bauchspeicheldrüse handelt, gilt als eine Delikatesse und verleiht der Flußkrebs-Bisque einen
Großteil ihres wundervollen Aromas.

MEERESKREBSE. In Louisiana werden hauptsächlich Blaukrabben und
sogenannte Softshell Crabs verwendet, doch kann man für die Rezepte

auch andere Meereskrebse wie Kalifornische Taschenkrebse, Königs-,
Schnee- oder Steinkrabben nehmen. Es empfiehlt sich, ganze Tiere zu
kaufen, damit man aus den Karkassen einen Fond kochen kann. Notfalls
läßt sich auch frisches, tiefgefrorenes oder in Dosen konserviertes Mee-
reskrebsfleisch verwenden. Mitunter bekommt man auch vorgegarte
Krebsscheren oder Beine von Königskrabben zu kaufen.

Softshell Crabs sind keine speziellen Krebstiere, sondern es handelt
sich dabei um verschiedene Arten von Schwimmkrabben, die während
ihrer Häutung gefangen werden, wenn die Tiere ihren alten Panzer abge-
worfen haben und sich noch kein neuer gebildet hat. Solche »Butter-
krebse« sind ganz weich und fleischig und gelten als Delikatesse. In den
USA werden vor allem Blaukrabben als Softshell Crabs vermarktet, da sie
besonders schmackhaft sind. Bei uns sind Softshell Crabs nur sehr selten
im Handel, so daß man sie durch Krebsfleisch ersetzen muß. Um dazu die
richtige Anzahl an Meereskrebsen zu kaufen, sollte man wissen, wieviel
Fleisch sie in der Regel enthalten. Denn während man für ein Pfund
Krebsfleisch etwa ein Dutzend oder mehr Blaukrabben braucht, genügen
für die gleiche Menge zwei mittelgroße Kalifornische Taschenkrebse.

AUSTERN. Austern werden in der Küche der Cajuns und Kreolen häufig und reichlich verwendet. Sie sind in Suppen, Gumbos und Jambalayas
enthalten und bilden die Grundlage für Gerichte wie »Austern Bienville«
(Rezept S. 20f) oder »Fritierte Austern« (Rezept S. 22). In Louisiana
nimmt man selbstverständlich Austern aus dem Golf von Mexiko, doch
lassen sich die Rezepte auch mit Austern anderer Provenienz zubereiten.
Beim Kauf von lebendfrischen Austern sollte man darauf achten, daß ihre
Schalen fest geschlossen sind. Ißt man sie nicht sofort, mit einem feuchten
Tuch bedecken, aber nicht in Wasser legen. Frische Austern sollen pralles,
cremefarbenes Fleisch haben, das von klarer Flüssigkeit umgeben ist.

Zum Öffnen der Austern einen dicken Handschuh anziehen oder die
Hand mit einem Topflappen oder Küchentuch schützen, damit man sich
nicht an den scharfen Schalenrändern verletzt. (Dies ist nicht nur
schmerzhaft, sondern kann auch Infektionen verursachen.) Die Auster

mit der gewölbten Seite nach unten in die Handfläche legen und festhalten. Die Spitze eines Austernbrechers am Scharnier zwischen die beiden Schalenhälften stoßen und das Scharnier mit einer kräftigen Drehbewegung durchtrennen. Den Schließmuskel entlang der Schalenränder lösen. Dann vorsichtig die obere Austernschale abheben, damit die Austernflüssigkeit nicht vorlorengeht. Das Muschelfleisch mit dem Messer von der unteren Schalenhälfte lösen.

Austern haben eine sehr kurze Garzeit. Bei den meisten Rezepten genügt es, sie in die fertige Suppe oder den Gumbo zu geben, nachdem man den Topf von der Kochstelle genommen hat. Die Austern sind gar, wenn sich ihre Ränder zu kräuseln beginnen. Erhitzt man Austern zu lange, werden sie zäh wie Leder.

GARNELEN. Nach Möglichkeit sollte man ausschließlich frische Garnelen verwenden. Tiefgefrorene Garnelen sind oftmals weich und haben kein Aroma. Am besten kauft man ganze Garnelen. Die Köpfe liefern zwar kein Fleisch, ergeben aber einen köstlichen Fond. Viele Fischhändler bieten sie an. Benötigt man für ein Rezept 500 g Garnelenschwänze, kauft man 1 kg ganze Garnelen. Der Kilopreis für Garnelenschwänze ist im allgemeinen etwa doppelt so hoch wie der für ganze Garnelen, so daß sich im Endeffekt kaum ein Preisunterschied ergibt. Aufgrund der Verbraucherwünsche hat sich das Hauptangebot der Geschäfte zunehmend auf rohe Garnelen ohne Schale und Darm verlagert, deren Zubereitung keine zusätzliche Arbeit erfordert. Dennoch sollte man nach Möglichkeit Garnelen in der Schale kaufen. Braucht man für das betreffende Rezept keinen Fond, können die Schalen eingefroren und später für einen Fond verwendet werden.

Zum Säubern ganzer Garnelen den Schwanz unmittelbar hinter dem Kopf abtrennen. Die Beine entfernen und die Schale behutsam mit den Fingern ablösen. (Die weichen Schwanzspitzen können an den Garnelen verbleiben.) Speziell bei großen Garnelen sollte auch der Darm entfernt werden, der am Rücken verläuft, wie eine dunkle Ader aussieht und zumeist eine grießähnliche Konsistenz hat. Die Garnele dazu am Rücken leicht einritzen und den Darm herausziehen oder unter fließendem Wasser herausspülen.

FISCHE. In Louisiana ißt man hauptsächlich Wels, Roten Umberfisch, Roten Schnapper, Gefleckten Umberfisch und Pompano, doch lassen sich die meisten Cajun-Rezepte ebensogut mit anderen ähnlichen Fischen zubereiten.

Wels ist in den Vereinigten Staaten überaus beliebt. Er wird in Fischfarmen gezüchtet. Der größte Produzent ist Mississippi. Es gibt etwa 20 Welsarten, doch kommt am häufigsten Kanalwels auf den Markt, ein Speisefisch mit weißem, festem, nicht allzu fettem Fleisch. Hierzulande erhält man Wels bei Fischhändlern, die auch Süßwasserfisch im Angebot haben. Evtl. muß er vorher bestellt werden. Beim Wels muß die Haut entfernt werden, da sie zäh und nicht zum Verzehr geeignet ist. Wels wird zumeist gebraten, kann aber auch pochiert, gedämpft, im Ofen gegart oder gegrillt werden.

Pompano gilt bei Feinschmeckern als Delikatesse und ist sehr teuer. Er kommt im Westatlantik und in der Karibik vor und hat festes Fleisch. Zum Braten ist er weniger gut geeignet, doch schmeckt er köstlich, wenn man ihn mit Krebsfleisch füllt und im Ofen gart. Ist kein Pompano erhältlich, kann man ihn durch Regenbogenforellen oder Flunderfilet ersetzen.

Roter Umberfisch, der auch unter seiner amerikanischen Bezeichnung »Redfish« in den Handel kommt, ist mit dem Westatlantischen Umberfisch und dem Gefleckten Umberfisch aus dem Golf von Mexiko verwandt. In den 80er Jahren wurde er für *blackened redfish* in so großen Mengen gefangen, daß er heute nur noch selten im Golf von Mexiko vorkommt und der Staat Louisiana seine Vermarktung vorübergehend untersagt hat. Er besitzt fettarmes, festes Fleisch und läßt sich durch Seebarsch oder Forelle ersetzen.

Roter Schnapper kommt im Golf von Mexiko und im Westatlantik vor. Er hat fettarmes, festes Fleisch und eine rosarote Haut. Filetiert kann man ihn anstelle von Rotem Umberfisch für *blackened redfish* verwenden. Schnapper läßt sich auf vielfältige Weise zubereiten. Ein annehmbarer Ersatz ist unter anderem Seebarsch. Auch Sägebauch, ein schmackhafter Speisefisch aus Neuseeland, eignet sich gut für Schnapper-Rezepte, doch kommt er bei uns nur selten auf den Markt.

Gefleckter Umberfisch hat festes, weißes Fleisch, ein erstklassiges Aroma und bietet vielfältige Verwendungsmöglichkeiten. Aufgrund seiner Größe ist er ein ausgezeichneter Portionsfisch. Besonders köstlich schmeckt er filetiert und gegrillt. Forellen wie Regenbogenforellen und Meeresforellen, aber auch Seebarsch, Sägebauch oder kleine Schollen sind ein guter Ersatz.

ANDOUILLE. Diese scharfe, geräucherte Schweinswurst ist eine Spezialität der Cajuns und wird von einigen Delikatessen- und Feinkostgeschäften verkauft. Ist sie nicht erhältlich, ersetzt man sie am besten durch polnische Kielbasa, muß dann aber entsprechend nachwürzen, da Andouille den Rezepten eine besondere Schärfe verleiht.

TASSO. Dieser kräftig gewürzte Räucherschinken wird nur selten als Hauptzutat verwendet, gibt aber Jambalayas und anderen Gerichten Aroma. Tasso läßt sich durch anderen geräucherten Schinken ersetzen, doch sollte man dann mehr Cayenne und andere Gewürze verwenden.

TABASCO-SAUCE. Tabasco ist der Markenname einer scharfen Sauce aus Louisiana, die auf Avery Island, mitten im Cajun-Land, produziert wird. Zur Herstellung werden sehr scharfe rote Chilischoten mit Salz gemahlen, in Eichenfässern fermentiert und dann mit Essig versetzt. Ähnliche scharfe Chili-Saucen gibt es auch von anderen Herstellern.

GEGENÜBERLIEGENDE SEITE Ein Garnelenkutter ankert im Louisiana-Bayou, der die Cajuns viele ihrer Zutaten verdanken.

GRUNDREZEPTE

★

ROUX

Roux, auch als Einbrenne oder Mehlschwitze bekannt, ist ein wesentlicher Bestandteil vieler Cajun-Gerichte, wie Gumbos, Ragouts und Bisque. Sie dient zum Binden der Flüssigkeit, ist aber vor allem ein Geschmacksträger. Eine Bisque von Flußkrebsen bekommt zum Beispiel durch eine dunkelbraune Roux ein unglaublich volles Aroma. Um dem heutigen Ernährungsbewußtsein Rechnung zu tragen, wurde die Menge an Roux in einigen Rezepten reduziert, aber nicht gänzlich gestrichen, da sie den Gerichten zusätzlich Geschmack verleiht.

≈ Eine Roux will mit Respekt behandelt werden. Sie muß langsam garen und erfordert ständige Aufmerksamkeit. Wenn das Mehl verbrennt, zeigen sich kleine schwarze Flocken in der Einbrenne – dann sollte man sie weggießen und von vorne beginnen, sonst durchdringt der Geschmack des verbrannten Mehls auch die anderen Zutaten. Man sollte aufpassen, daß man sich nicht an Spritzern aus dem Topf verbrennt, die nicht ausbleiben, wenn eine Roux brodelnd kocht. Manche Leute nennen sie aus diesem Grund auch »Cajun-Napalm«.

≈ Eine Roux wird traditionell bei schwacher Hitze und unter ständigem Rühren gegart. Eine dunkelbraune Einbrenne braucht auf diese Weise zwischen 45 Minuten und 1 Stunde, bis sie fertig ist. Allen, denen dies zu lange dauert, sei das rasche Garen bei hoher Temperatur empfohlen. Aber diese Methode ist nur etwas für Köche, die viel Erfahrung in der Zubereitung von Roux haben. Am besten beginnt man daher langsam und erhöht die Temperatur allenfalls Schritt für Schritt. Eine dunkle Roux braucht bei mittelschwacher Hitze etwa 25 Minuten.

≈ Roux läßt sich auch im Mikrowellengerät zubereiten. Bei dieser Methode bilden sich in der Einbrenne allerdings leicht Klümpchen. Dennoch ist hier auch ein Mikrowellenrezept für Roux aufgeführt.

≈ Aufgrund der hohen Temperatur des Fetts gart eine Roux selbst dann weiter, wenn man sie vom Herd genommen hat. Um den Garprozeß zu unterbrechen, rührt man einen Teil oder das gesamte gehackte Gemüse des Rezepts in die Einbrenne.

≈ Schweineschmalz ist für Roux klassischer, doch kann man auch Pflanzenöl verwenden.

R OUX

GRUNDREZEPT FÜR ROUX

225 g Schweineschmalz
100 g Mehl

≈ In einem schweren Topf bei mittelschwacher Temperatur das Schweineschmalz erhitzen. Dann jeweils ein Drittel des Mehls hinzufügen und rühren, bis die Mischung glatt ist. Die Einbrenne unter ständigem Rühren weitergaren – sie wird mit der Zeit dunkler und entwickelt einen nußartigen Geruch. Die Roux garen, bis die gewünschte Farbe erreicht ist.

NICHT AUFHÖREN ZU RÜHREN, BIS DIE ROUX FERTIG IST.

≈ Wenn die Roux die gewünschte Farbe hat, den Topf vom Herd nehmen und etwas Gemüse unterrühren, um den Garprozeß zu unterbrechen. Enthält das Rezept kein Gemüse, die Einbrenne in eine Metallschüssel gießen und 5–10 Min. rühren, bis sie nicht mehr dunkler wird. Die fertige Roux zum Fond geben und nach Rezeptanweisung weiterverfahren oder beiseite stellen und abkühlen lassen.

≈ Überschüssige Roux einfrieren oder im Kühlschrank aufbewahren.

HELLBRAUNE
ROUX

MITTELBRAUNE
ROUX

DUNKELBRAUNE
ROUX

MIKROWELLENREZEPT FÜR ROUX

≈ In einem feuerfesten Glasgefäß von 1,75 l Fassungsvermögen das Schweineschmalz zerlassen. Das Mehl unterrühren und die Mischung bei höchster Stufe in 3-Minuten-Intervallen im Mikrowellengerät garen; zwischendurch gründlich umrühren. (Achtung: Das Glasgefäß wird sehr heiß.) Die Roux garen, bis sie sich trennt und braun wird. Dann in 1-Minuten-Intervallen garen und durchrühren. Wenn die Einbrenne die gewünschte Farbe hat, das gehackte Gemüse unterrühren, um den Garprozeß zu unterbrechen, und wie im Rezept angegeben weiterverfahren. Soll kein Gemüse zugefügt werden, die Roux in eine Schüssel gießen und 5–10 Min. rühren.

FONDS

Fonds sind die Grundlage vieler Rezepte aus Louisiana. Für Gumbos und die meisten Suppen sind sie unerläßlich, und für einige Eintöpfe, Nudelsaucen und pikante Pastetenfüllungen braucht man ebenfalls einen Fond. Zweifellos lassen sich auch Fertigbrühen oder -fonds verwenden, doch bekommen die Gerichte durch hausgemachte Fonds ein unvergleich besseres Aroma.

Wer seine Fonds selbst kocht, muß auf bestimmte Fleisch- und Fischprodukte, die die Arbeit erleichtern, verzichten. Es ist in der Tat arbeitsaufwendig, Meereskrebse selbst aufzubrechen und zu säubern, und es erscheint besonders mühselig, wenn man für das betreffende Rezept keinen Krebsfond braucht. Aber die Karkassen können schon in der nächsten oder übernächsten Woche überaus nützlich sein. Wenn man ein ganzes Huhn kauft, kann man aus dem Hühnerklein einen Fond kochen. Anfallende Garnelenschalen, Krabbenpanzer, Hühnerklein, Karkassen von gebratenem Geflügel und die Knochen eines Rippenbratens – all das sollte man einfrieren, bis man Zeit hat, um daraus einen Fond zu kochen.

Wer im voraus weiß, daß er in den nächsten Tagen einen Fond kochen wird, braucht auch Möhren, die nicht mehr ganz frisch sind, Bleichsellerieblätter oder fast kahle Petersilienstengel nicht wegzuwerfen, sondern hebt sie in einem Plastikbeutel auf und nimmt sie für den Fond, wo nicht das Aussehen des Gemüses, sondern lediglich der Geschmack ausschlaggebend ist.

Nützliche Tips:

≈ Grüne Paprikaschoten, blutige Fischkarkassen und Leber nicht für Fonds verwenden, da sie einen unangenehmen Geschmack bewirken.

≈ Den Fond nicht salzen. Beim Reduzieren der Flüssigkeit verstärkt sich der salzige Geschmack.

≈ Gehackte Kräuter oder Gewürze erst zugeben, wenn der Fond fertig ist und weiterverwendet wird, da man sie sonst leicht mit dem Fett oder dem Schaum abschöpft. (Dies gilt nicht für ganze Zutaten wie Lorbeerblätter, frische Kräuterstengel, Nelken und Pfefferkörner)

≈ Fonds nicht länger als 2 Tage im Kühlschrank aufbewahren und aus Geschmacksgründen nicht länger als 6 Monate einfrieren.

GEFLÜGEL- UND WILDFOND

Je nach gewünschtem Fond benötigt man 1 kg Hals und Knochen von Hühnern, Enten, Kaninchen, Gänsen etc. Keine Leber verwenden. Wenn es die Zeit zuläßt, die Knochen bei 180°C 40 Min. im Backofen rösten. Der Fond bekommt dann ein kräftigeres Aroma. Mit Ausnahme von grünem Paprika kann man zusätzlich auch Abschnitte von Gemüsen verwenden, die für das betreffende Rezept gebraucht werden.

ERGIBT ETWA 1 L

1 Zwiebel, in Stücke geschnitten
1 Stange Bleichsellerie mit Blättern, in Streifen geschnitten
1 Knoblauchzehe, zerdrückt
1 Möhre, ungeschält, in Stücke geschnitten
1 Stengel frische Petersilie
5 ganze schwarze Pfefferkörner

≈ Alle Zutaten in einen großen Topf geben. Um zu sehen, wie hoch die Flüssigkeit später im Topf stehen muß, damit man 1 l Fond erhält, zunächst 1 l Wasser dazugießen und sich diesen Flüssigkeitsstand merken. Dann noch etwa 1 l Wasser hinzufügen, so daß die Zutaten reichlich mit Flüssigkeit bedeckt sind. Zum Kochen bringen und abschäumen. Die Hitze reduzieren und alles wenigstens 4 Std. köcheln lassen. Bei Bedarf weiteres Wasser angießen, damit immer etwa 1 l Flüssigkeit im Topf ist.

≈ Den fertigen Fond durch ein Sieb gießen, Knochen und Gemüse wegwerfen. Soll der Fond sofort verwendet werden, das Fett von der Oberfläche abschöpfen. Anderenfalls abkühlen lassen und im Kühlschrank aufbewahren. Der Fond muß rasch abkühlen, damit sich keine Keime bilden können, soll aber nicht direkt vom Herd in den Kühlschrank gestellt werden. Das Spülbecken 5–7,5 cm hoch mit kaltem Wasser füllen. Den Fond in kleinen Behältern in das kalte Wasser setzen. Sobald er Raumtemperatur erreicht, in den Kühlschrank stellen. Nach einigen Stunden hat sich das Fett an der Oberfläche abgesetzt und kann entfernt werden. Den Fond einfrieren oder zurück in den Kühlschrank stellen.

DUNKLER FLEISCHFOND

Je nach gewünschtem Fond braucht man 1 kg Rinder-, Kalbs- und/oder Schweineknochen. Wenn genügend Zeit zur Verfügung steht, die Knochen bei 180°C im Backofen rösten, bis sie gut gebräunt sind. Der Fond bekommt dadurch ein volleres Aroma. Mit Ausnahme von grünem Paprika kann man zusätzlich auch Abschnitte von Gemüsen verwenden, die für das betreffende Rezept gebraucht werden.

ERGIBT ETWA 1 L

1 Zwiebel, in Stücke geschnitten
1 Stange Bleichsellerie mit Blättern, in Streifen geschnitten
1 Knoblauchzehe, ungeschält, in Stücke geschnitten
1 Stengel frische Petersilie
5 ganze schwarze Pfefferkörner

≈ Alle Zutaten in einen großen Topf geben. Um zu sehen, wie hoch die Flüssigkeit später im Topf stehen muß, damit man 1 l Fond erhält, zunächst 1 l Wasser dazugießen und sich diesen Flüssigkeitsstand merken. Dann noch etwa 1 l Wasser hinzufügen, so daß die Zutaten reichlich mit Flüssigkeit bedeckt sind. Zum Kochen bringen und abschäumen. Die Hitze reduzieren und alles wenigstens 4 Std. köcheln lassen. Bei Bedarf weiteres Wasser angießen, damit immer etwa 1 l Flüssigkeit im Topf ist.

≈ Den fertigen Fond durch ein Sieb gießen, Knochen und Gemüse wegwerfen. Soll der Fond sofort verwendet werden, das Fett von der Oberfläche abschöpfen. Anderenfalls abkühlen lassen und im Kühlschrank aufbewahren. Der Fond muß rasch abkühlen, damit sich keine Keime bilden können, soll aber nicht direkt vom Herd in den Kühlschrank gestellt werden. Das Spülbecken 5–7,5 cm hoch mit kaltem Wasser füllen und nach Belieben Eiswürfel hineingeben. Den Fond in kleinen Behältern in das kalte Wasser setzen. Sobald er Raumtemperatur erreicht, in den Kühlschrank stellen. Nach einigen Stunden hat sich das Fett an der Oberfläche abgesetzt und kann mühelos entfernt werden. Den Fond einfrieren oder zurück in den Kühlschrank stellen.

FOND VON MEERESFRÜCHTEN

Man benötigt 1 kg Garnelenschalen und -köpfe, Krabbenpanzer, Fluß-krebsköpfe und -panzer, Hummerkarkassen und Fischkarkassen (ohne Köpfe und Kiemen) in beliebiger Zusammenstellung. Mit Ausnahme von grünem Paprika kann man zusätzlich auch Abschnitte von Gemüse verwenden, die für das betreffende Rezept gebraucht werden.

ERGIBT ETWA 1 L

1 Zwiebel, in Stücke geschnitten

1 Stange Bleichsellerie mit Blättern, in Streifen geschnitten

1 Knoblauchzehe, zerdrückt

1 Möhre, ungeschält, in Stücke geschnitten

1 Stengel frische Petersilie

5 ganze schwarze Pfefferkörner

≈ Alle Zutaten in einen großen Topf geben. Um zu sehen, wie hoch die Flüssigkeit später im Topf stehen muß, damit man 1 l Fond erhält, zunächst 1 l Wasser dazugießen und sich diesen Flüssigkeitsstand merken. Dann noch etwa 1 l Wasser hinzufügen, so daß die Zutaten reichlich mit Flüssigkeit bedeckt sind. Zum Kochen bringen und abschäumen. Die Hitze reduzieren und alles wenigstens 4 Std. köcheln lassen. Bei Bedarf weiteres Wasser angießen, damit immer etwa 1 l Flüssigkeit im Topf ist.

≈ Den fertigen Fond durch ein Sieb gießen, Meeresfrüchte und Gemüse wegwerfen. Soll er nicht sofort verwendet werden, den Fond abkühlen lassen und im Kühlschrank aufbewahren. Er muß rasch abkühlen, damit sich keine Keime bilden können, soll aber nicht direkt vom Herd in den Kühlschrank gestellt werden. Das Spülbecken 5–7,5 cm hoch mit kaltem Wasser füllen und nach Belieben Eiswürfel hineingeben. Den Fond in kleinen Behältern in das kalte Wasser setzen. Sobald er Raumtemperatur erreicht, in den Kühlschrank stellen oder einfrieren.

VORSPEISEN

AUSTERN ROCKEFELLER

Ein raffiniertes Gericht für Austernfreunde, das den milden Geschmack von Austern und Spinat vereint. Früher nahm man zum Aromatisieren der Austern Absinth, einen hochprozentigen, nach Süßholz schmeckenden Branntwein, dessen Herstellung heute in der Regel verboten ist. Man verwendet stattdessen Anissamen, kann aber Pernod oder einen anderen Anisschnaps nehmen.

FÜR 4 PERSONEN

Grobes Salz
50 g Butter
225 g frischer Spinat, gehackt
3 EL gehackte frische Petersilie
6 Frühlingszwiebeln, gehackt
2 EL feingehackter Bleichsellerie
1 EL feingehackter grüner Paprika
¹/₄ TL Salz
¹/₄ TL Anissamen
1 ¹/₂ TL frischer Thymian oder ¹/₂ TL getrockneter
1 EL Sardellenpaste
3 EL Semmelbrösel
120 ml Crème double
1 Msp. frisch gemahlener schwarzer Pfeffer
1 Spritzer Tabasco-Sauce
20 lebendfrische, geöffnete Austern

OFENTEMPERATUR: 200°C

≈ Eine große ofenfeste Form gut 1 cm hoch mit grobem Salz füllen und bei 200°C in den Backofen stellen. Das Salz verhindert, daß die Austern umkippen und hält sie nach dem Überbacken warm.

≈ In einer Bratpfanne bei schwacher Hitze die Butter zerlassen. Spinat, Petersilie, Frühlingszwiebeln, Bleichsellerie und grünen Paprika etwa 6 Min. sautieren, bis der Spinat zusammengefallen ist. Die übrigen Zutaten – mit Ausnahme der Austern – hinzufügen und soviel zusätzliche Sahne oder Semmelbrösel dazugeben, daß die Mischung die Konsistenz einer dicken Sauce erhält.

≈ Auf jeweils eine Auster in der gewölbten Schalenhälfte mit dem Löffel ein wenig Spinatmischung verteilen. Die Austern in das vorgewärmte Salz drücken. Etwa 12 Min. bei 200°C überbacken, bis die Flüssigkeit brodelnd kocht.

AUSTERN BIENVILLE

Garnelen, Champignons und Parmesankäse ergeben eine köstliche Mischung, die wundervoll mit dem feinen Aroma der Austern harmoniert. Das Gericht ist nach dem Gründer von New Orleans, Jean Baptiste le Moyne, Sieur de Bienville, benannt.

FÜR 3–4 PERSONEN

grobes Salz
25 g Butter
3 Frühlingszwiebeln, zerdrückt
2 Knoblauchzehen, zerdrückt
1 EL feingehackte frische Petersilie
4 große Champignons, feingehackt
15 g Mehl
175 ml Crème double
100 g Garnelen, aus den Schalen gelöst, Darm entfernt, feingehackt
1 Eigelb, leicht verquirlt
1 EL trockener Sherry
1 gr. Msp. schwarzer Pfeffer
1 gr. Msp. Cayennepfeffer
1 TL Worcestershire-Sauce
1 Prise Salz
5 EL frisch geriebener Parmesankäse
2 EL Semmelbrösel
1/4 TL Salz
1 gr. Msp. Cayennepfeffer
1 gr. Msp. schwarzer Pfeffer
16 lebendfrische, geöffnete Austern

OFENTEMPERATUR: 200°C

≈ Eine große ofenfeste Form (oder mehrere kleine), in die alle Austern in einer Lage hineinpassen, gut 1 cm hoch mit grobem Salz füllen und bei 200°C in den Backofen stellen. Das Salz verhindert, daß die Austern umkippen und hält sie nach dem Gratinieren warm.

≈ In einer Bratpfanne bei mittlerer Temperatur die Butter zerlassen. Frühlingszwiebeln, Knoblauch, Petersilie und Champignons etwa 5 Min. sautieren, bis das Gemüse weich wird. Das Mehl hinzufügen und unterrühren. Die Sahne dazugeben und untermischen. Garnelen, Eigelb, Sherry, schwarzen Pfeffer, Cayennepfeffer, Worcestershire-Sauce und Salz hinzufügen und alles 5–6 Min. unter Rühren garen, bis die Mischung eindickt.

≈ In einer kleinen Schüssel Parmesankäse, Semmelbrösel, Salz, Cayenne und Pfeffer vermischen.

≈ Auf jeweils eine Auster in der gewölbten Schalenhälfte etwas Garnelensauce verteilen und mit der Semmelbrösel-Parmesan-Mischung bestreuen. Die Austern in das vorgewärmte Salz drücken. Etwa 12–15 Min. bei 200°C im Backofen gratinieren, bis die Semmelbrösel goldbraun sind.

ELEGANTE ABENDGESELLSCHAFT

★

Austern Rockefeller
SEITE 19

★

Austern Bienville
SEITE 20–21

★

Artischockencremesuppe
SEITE 43

★

Fisch mit Krebsfüllung
SEITE 62

★

Gedämpfter Brokkoli und Möhren

★

Gemüsereis mit Mandeln
SEITE 98–99

★

Pfirsichkuchen mit Himbeerfüllung
SEITE 110

FRITIERTE AUSTERN

Auch wer kein Freund von Austern ist, wird diese knusprigen Leckerbissen, die man mit den Fingern ißt, mögen. Die kurz in heißem Öl ausgebackenen Austern bleiben herrlich saftig und aromatisch. Maisstärke bekommt man in vielen Bioläden und Reformhäusern. Nimmt man für die Panade nur Maismehl, wird sie etwas grober und schwerer, schmeckt aber ebenso köstlich.

FÜR 4–6 PERSONEN

175 g Maismehl
6 EL Maisstärke
1 TL Salz
½ TL schwarzer Pfeffer
½ TL Cayennepfeffer
2 Dutzend lebendfrische Austern, aus der Schale gelöst
Pflanzenöl zum Fritieren

≈ Alle Zutaten – mit Ausnahme von Austern und Öl – vermengen. Die Austern mit Küchenkrepp trockentupfen und dann zum Panieren in der Maismehlmischung wenden.

≈ In einem hohen Fritiertopf oder Wok das Öl auf 185°C erhitzen. Mit einer Küchenzange 4 oder 5 Austern in dem heißen Öl etwa 3 Min. fritieren. Die Austern zwischendurch einmal wenden; darauf achten, daß sie sich nicht berühren. Auf Küchenkrepp abtropfen lassen und warm stellen, während die übrigen Austern fritiert werden. Das Öl vor jeder Partie wieder auf 185°C erhitzen. Als Dip für die heißen Austern Cocktail-Sauce (Rezept S. 121) reichen.

CHAMPIGNONS MIT GARNELEN-MAISBROT-FÜLLUNG

Diese Champignons, die heiß serviert werden, sind eine köstliche Vorspeise. Die Garnelen lassen sich auch durch Flußkrebsschwänze ersetzen. Wenn man eine Bisque von Flußkrebsen (Rezept S. 43ff) kocht, sollte man etwas mehr Füllung zubereiten, die zusätzliche Portion mit Gewürzen abschmecken (in der Bisque ist die Füllung ungewürzt, da sie das Aroma der Brühe aufnimmt) und für diese Champignons verwenden.

ERGIBT 24 STÜCK

24 mittelgroße oder große Champignons
25 g Butter
100 g Zwiebeln, gehackt
4 Frühlingszwiebeln, gehackt
½ grüne Paprikaschote, gehackt
1 Stange Bleichsellerie, gehackt
2 Knoblauchzehen, feingehackt
2 EL gehackte frische Petersilie
1 TL frischer Thymian oder ¼ TL getrockneter
½ TL Salz
¼ TL schwarzer Pfeffer
¼ TL Cayennepfeffer
½ TL Senfpulver (ersatzweise Senf)
1 TL Zitronensaft
1 Ei, leicht verquirlt
100 g Maisbrot (Rezept S. 96f), zerkrümelt
100 g kleine gegarte Garnelen, aus der Schale gelöst und grobgehackt
Fond von Meeresfrüchten (Rezept S. 17) oder Milch

OFENTEMPERATUR: 180°C

≈ Die Champignons putzen. Die Stiele abtrennen und wegwerfen oder für einen anderen Verwendungszweck aufbewahren. Die Champignons 5 Min. dämpfen, dann beiseite stellen.

≈ In einer mittelgroßen Bratpfanne bei schwacher Hitze die Butter zerlassen. Zwiebeln, Paprika, Bleichsellerie und Knoblauch etwa 5 Min. sautieren, bis das Gemüse weich wird. In eine mittelgroße Schüssel geben. Die übrigen Zutaten – mit Ausnahme des Fonds oder der Milch – unterheben und alles gründlich vermengen. Soviel Fond oder Milch einrühren, daß die Mischung feucht, aber nicht flüssig ist.

≈ Die Pilze mit der Garnelenmischung füllen und auf ein leicht eingefettetes Backblech setzen. Bei 180°C etwa 10–15 Min. überbacken, bis die Füllung leicht gebräunt ist. Heiß servieren.

LINKS Das French Quarter war die Keimzelle von New Orleans und besitzt noch heute die schmalen Straßen, die von den Franzosen angelegt wurden. Die schönen restaurierten Häuser – viele von ihnen über 100 Jahre alt – sind für ihre herrlichen Balkone und Innenhöfe bekannt. Jazz-Clubs, Antiquitätengeschäfte und weltberühmte Restaurants erfüllen das Viertel mit Leben.

GEBRATENE AUSTERN

Diese gebratenen Austern schmecken beinahe so köstlich wie fritierte Austern, sind aber erheblich einfacher in der Zubereitung.

FÜR 3–4 PERSONEN

50 g Mehl
50 g Semmelbrösel
¹/₂ TL Salz
¹/₂ TL schwarzer Pfeffer
¹/₂ TL Cayennepfeffer
¹/₄ TL getrockneter Thymian
2 Eier, leicht verquirlt
2 EL Milch
2 Dutzend lebendfrische Austern, aus der Schale gelöst
Butter zum Braten

≈ In einer Schüssel Mehl, Semmelbrösel, Salz, Pfeffer, Cayenne und Thymian vermischen. In einer zweiten Schüssel Eier und Milch verrühren.

≈ Die Austern mit Küchenkrepp trockentupfen. Kurz in der Panade wenden, durch die Eimischung ziehen und nochmals in der Panade wenden.

≈ In einer Bratpfanne 2–3 EL Butter zerlassen. Einen Teil der Austern darin braten, bis sie auf der Unterseite leicht gebräunt sind. Dann wenden und die zweite Seite ebenfalls hellbraun braten. Aus der Pfanne nehmen und warm stellen, bis die übrigen Austern gebraten sind. Nach Bedarf weitere Butter in die Pfanne geben. Die Austern mit Zitronenachteln und Cocktail-Sauce (Rezept S. 121) servieren.

KLEINE FLEISCHPASTETEN

Als Füllung für diese pikanten Pastetchen eignet sich vieles: »Schmutziger Reis« (Rezept S. 78), Flußkrebsfüllung (Rezept S. 55) oder die Fleischfüllungen auf der gegenüberliegenden Seite. Die Pasteten können entweder im Ofen gebacken oder fritiert werden, wobei die gebackene Version weniger fett ist. Bei Kartenabenden oder Fußballübertragungen im Fernsehen sind die heißen Pastetchen stets ein willkommener Imbiß.

ERGIBT ETWA 24 PASTETCHEN

TEIG

275 g Mehl
1 Prise Salz
50 g kalte Butter
50 g Schweineschmalz
2 Eier, leicht verquirlt
45-60ml (3–4 EL) kalte Milch

ZUM BESTREICHEN

1 Ei, leicht verquirlt
4 EL Milch

OFENTEMPERATUR: 190°C

≈ Das Mehl mit dem Salz sieben. Die Butter und das Schweineschmalz mit zwei scharfen Messern in das Mehl hacken, bis das Ganze die Konsistenz von Maismehl hat. Die Eier dazugeben und gründlich untermischen. Dann eßlöffelweise die Milch unterarbeiten, bis der Teig kompakt und glatt ist.

≈ Den Teig zu einer Kugel formen, in Klarsichtfolie wickeln und für wenigstens 1 Std. in den Kühlschrank legen. In der Zwischenzeit die gewünschte Füllung zubereiten.

≈ Den Teig aus dem Kühlschrank nehmen, 3 mm dick ausrollen und mit einem Keksausstecher oder einem Glas Teigscheiben von 7,5-10 cm Durchmesser ausstechen. Die Abschnitte verkneten, wieder ausrollen und weitere Teigscheiben ausstechen, bis der Teig aufgebraucht ist.

≈ Auf die Mitte der Teigscheiben jeweils 1 EL Füllung verteilen. Den Teig in der Mitte umschlagen und die Ränder fest zusammendrücken.

≈ Die Teigtaschen auf ein leicht gefettetes Backblech legen. Das Ei mit der Milch verquirlen und die Pasteten damit bestreichen. Etwa 20 Min. bei 190°C backen, bis die Pasteten leicht gebräunt sind. Heiß servieren.

TEIGBEREITUNG IN DER KÜCHENMASCHINE:

≈ Alle Zutaten – mit Ausnahme der Milch – in der Küchenmaschine vermengen. Den Teig anschließend in eine Schüssel geben. Die Milch eßlöffelweise hinzufügen und mit den Händen unterarbeiten, bis der Teig glatt ist.

PIKANTE HACKFLEISCHFÜLLUNG

Für eine schärfere Version ersetzt man die angegebene milde Chilischote durch eine *jalapeño*-Chilischote.

FÜLLUNG FÜR ETWA 24 PASTETEN

2 EL Pflanzenöl
1 Zwiebel, gehackt
3 Knoblauchzehen, feingehackt
1 milde Chilischote, gehackt
225 g gehacktes Schweinefleisch
225 g gehacktes Rindfleisch
1 Tomate, entkernt und gehackt
100 g geriebene rohe Kartoffeln
1 TL Salz
1 TL gemahlener Kreuzkümmel
1½ TL frischer Thymian oder ½ TL getrockneter
1½ TL frischer Oregano oder ½ TL getrockneter
2 EL gehackter frischer Koriander
175 ml Rinderfond (Rezept S. 16)

≈ In einer großen Bratpfanne das Öl erhitzen. Zwiebeln, Knoblauch und Chilischote etwa 10 Min. garen, bis die Zwiebeln goldgelb sind. Das Hackfleisch hinzufügen und anbräunen. Gehackte Tomate, geriebene Kartoffel, Gewürze und Fond dazugeben und alles gründlich verrühren. Die Temperatur verringern und die Füllung 10 Min. köcheln lassen. Abschmecken und vor der Verwendung abkühlen lassen.

SCHWEINEFLEISCH-TASSO-FÜLLUNG

Diese Füllung ergibt ein Ragout in einer pikanten, würzigen Sauce.

FÜLLUNG FÜR ETWA 24 PASTETEN

2 EL Pflanzenöl
450 g Schweinefleisch, in 5 mm große Würfel geschnitten
100 g Tasso-Schinken, in Würfel geschnitten
100 g Schweineschmalz
50 g Mehl
225 g gehackte Zwiebeln
1 Stange Bleichsellerie, gehackt
½ grüne Paprikaschote
600 ml Rinderfond
¼ TL getrockneter Salbei
¼ TL Cayennepfeffer
¼ TL schwarzer Pfeffer
2 TL frischer Thymian oder ½ TL getrockneter
2 TL Senfpulver (ersatzweise Senf)

≈ In einer mittelgroßen Pfanne das Öl erhitzen. Die Schweinefleisch- und Schinkenwürfel anbräunen. Beiseite stellen.

≈ In einem Topf mittlerer Größe aus dem Schweineschmalz und dem Mehl eine hellbraune Roux zubereiten (Rezept S. 15). Von der Kochstelle nehmen und das Gemüse unterrühren. Den Topf zurück auf die Kochstelle setzen und das Gemüse etwa 5 Min. garen.

≈ In einem kleinen Topf den Rinderfond zum Kochen bringen und die Gewürze hinzufügen. Den Fond nach und nach zur Roux geben und jeweils gut umrühren. Fleisch und Tasso-Schinken unterheben und alles etwa 15 Min. kochen lassen, bis die Flüssigkeit leicht eindickt. Vor der Verwendung abkühlen lassen.

CHAMPIGNONS MIT KREBS-FLEISCHFÜLLUNG

Diese gefüllten Pilze sind überaus gehaltvoll und lecker. Auch wer keine Meeresfrüchte mag, wird von dieser Füllung begeistert sein.

ERGIBT 24 STÜCK

24 große frische Champignons
25 g Butter
4 Frühlingszwiebeln, gehackt
1 Knoblauchzehe, feingehackt
½ TL Salz
¼ TL Cayenne-Pfeffer
25 g Semmelbrösel
4 EL Crème double
350 g frisches Meereskrebsfleisch, verlesen, oder tiefgekühltes oder in Dosen konserviertes, gut abgetropft
frisch geriebener Parmesankäse

OFENTEMPERATUR: 180°C

≈ Die Champignons säubern. Die Stiele abtrennen und feinhacken. Die Pilzköpfe 5 Min. dämpfen, dann beiseite stellen.

≈ In einer Bratpfanne bei mittlerer Temperatur die Butter zerlassen. Gehackte Champignonstiele, Frühlingszwiebeln und Knoblauch hinzufügen und 8–10 Min. garen, bis die Flüssigkeit weitgehend verdampft ist. Salz, Cayennepfeffer, Semmelbrösel und Sahne hinzufügen und alles gründlich vermischen. Das Krebsfleisch behutsam unterheben und heiß werden lassen.

≈ Die Champignons mit der Krebsfleischmischung füllen und mit Parmesankäse bestreuen. Die Pilze auf ein leicht gefettetes Backblech setzen und bei 180°C für 10 Min. in den Ofen schieben. Dann in 2–3 Min. unter dem Grill goldbraun werden lassen.

FROSCHSCHENKEL

Bei diesem Rezept werden die Froschschenkel in zwei verschiedenen Panaden gewendet und dann in sehr heißem Öl fritiert, damit sie sich nicht mit Fett vollsaugen. Man serviert sie mit Tatarensauce (Rezept S. 121). Wenn man Gäste hat, sollte man eventuell alternative Vorspeisen anbieten, denn nicht jeder kann sich mit Froschschenkeln anfreunden.

FÜR 6–12 PERSONEN ALS VORSPEISE

900 g Froschschenkel
225 g Mehl
1 TL Salz
½ TL schwarzer Pfeffer
½ TL Cayennepfeffer
1 TL Zwiebelpulver
1 TL Knoblauchpulver
2 Eier, leicht verquirlt
175 ml Milch
250 g Maismehl
75 g Maisstärke
1 TL Salz
¼ TL schwarzer Pfeffer
¼ TL Cayennepfeffer
Pflanzenöl zum Fritieren

≈ Die Froschschenkel abspülen und mit Küchenkrepp trockentupfen. Beiseite stellen.

≈ Zum Panieren 3 Schüsseln bereitstellen. In der ersten Schüssel Mehl, Salz, Pfeffer, Cayennepfeffer, Zwiebel- und Knoblauchpulver vermischen. In der zweiten Schüssel die Eier mit der Milch verquirlen. In der dritten Schüssel das Maismehl und die übrigen Zutaten – mit Ausnahme des Öls – vermischen.

≈ Die Froschschenkel zuerst in der Mehlmischung wenden und überschüssiges Mehl vorsichtig abklopfen. Dann durch die Eimischung ziehen und anschließend in der Maismehlpanade wenden; überschüssige Panade ebenfalls abstreifen.

≈ Eine hohe Bratpfanne oder einen Wok 5–7,5 cm hoch mit Öl füllen und das Öl auf 180°C erhitzen. Die Froschschenkel in kleinen Partien jeweils 7 Min. fritieren; zwischendurch einmal umdrehen. Aus dem Öl heben, kurz abtropfen lassen, dann auf Küchenkrepp legen und im Backofen warm halten, bis die restlichen Froschschenkel fritiert sind. Das Öl für jede Partie wieder auf 180°C erhitzen.

RECHTS In der Nähe von St. Joseph im Nordosten Louisianas liegt an einer Mäanderabschnürung des Mississippi der Nationalpark Lake Bruin, der in den 50er Jahren geschaffen wurde. Der See ist für seine alten Zypressen bekannt, die am Ufer aus dem Wasser ragen, und bietet ausgezeichnete Angel- und Rudermöglichkeiten.

FRITIERTE MEERESFRÜCHTE

Für diese schmackhaften Häppchen werden kleine Garnelen oder Flußkrebsschwänze in pikanten Ausbackteig getaucht und anschließend in Öl fritiert. Dazu serviert man Tatarensauce (Rezept S. 121), Senfsauce (Rezept S. 122f) oder Cocktail-Sauce (Rezept S. 121) zum Dippen in ausreichender Menge.

FÜR 6–8 PERSONEN

25 g Maisstärke
25 g Mehl
2 EL Maismehl
1 TL Salz
½ TL Zwiebelpulver
½ TL Knoblauchpulver
¼ TL Cayennepfeffer
1 gr. Msp. schwarzer Pfeffer
2 Eier, leicht verquirlt
15 g Butter, zerlassen
4 EL warmes Bier
900 g kleine Garnelen, geschält, Darm entfernt, oder Krebsschwänze, ausgelöst
Pflanzenöl zum Fritieren

≈ Alle trockenen Zutaten vermischen. Eier, Butter und Bier hinzufügen und den Teig kräftig rühren, bis er glatt ist. Für wenigstens 3 Std. in den Kühlschrank stellen, damit das Mehl aufquellen kann. Vor der Verwendung nochmals kräftig umrühren.

≈ Eine hohe Bratpfanne oder einen Wok 4 cm hoch mit Öl füllen und das Öl auf 180°C erhitzen. Die Garnelen trockentupfen, dann einzeln durch den Bierteig ziehen und in kleinen Portionen jeweils etwa 2 Min. goldbraun fritieren; zwischendurch einmal umdrehen. Gut auf Küchenkrepp abtropfen lassen und warm halten, während die restlichen Garnelen fritiert werden. Das Öl vor jeder Partie wieder auf 180°C erhitzen.

GARNELEN–SALSA

GARNELEN-SALSA

Ein erfrischender Dip für herzhafte Kekse, Chips oder Gemüse. Die Salsa sollte vor dem Servieren einige Stunden durchziehen, damit sich die Aromen verbinden, und dann nochmals mit Tabasco-Sauce abgeschmeckt werden. Für eine scharfe Salsa verwendet man eine *jalapeño*-Chilischote.

2 mittelgroße Tomaten, entkernt und gehackt
1/2 Salatgurke, geschält, entkernt und in Würfel geschnitten
3 Frühlingszwiebeln, feingehackt
1 milde Chilischote, Samen entfernt, feingehackt
2 EL gehackter frischer Koriander
1 1/2 EL Olivenöl
1 1/2 EL Apfelessig
1 Prise Salz
1 Spritzer Tabasco-Sauce
100 g winzige braune Garnelen, gegart und aus der Schale gelöst

≈ Die Zutaten in einer Schüssel vermischen und vor dem Servieren für wenigstens 2 Std. in den Kühlschrank stellen.

HEISSER KREBSFLEISCH-DIP

Diese cremige Dip-Sauce, die heiß serviert wird, schmeckt ausgezeichnet zu pikanten Keksen oder rohem Gemüse. Falls möglich, frisches Krebsfleisch verwenden (notfalls auch tiefgekühltes oder in Dosen konserviertes).

3 EL saure Sahne
75 g Frischkäse
1 EL frisch gepreßter Zitronensaft
1/2 TL geriebener Meerrettich
1 EL gehackter frischer Dill
2 Frühlingszwiebeln, feingehackt
1 Prise Salz
1 Msp. frisch gemahlener schwarzer Pfeffer
175 g frisches Meereskrebsfleisch, verlesen

OFENTEMPERATUR: 180°C

≈ Saure Sahne und Frischkäse mit dem elektrischen Handrührgerät verrühren. Die übrigen Zutaten – außer dem Krebsfleisch – hinzufügen und glattrühren. Das Krebsfleisch vorsichtig unterheben.

≈ Die Sauce in eine ofenfeste Servierschüssel füllen und etwa 15 Min. bei 180°C im Backofen erhitzen.

GEFÜLLTE EIER NACH CAJUN-ART

HEISSER KREBSFLEISCH-DIP

GEFÜLLTE EIER NACH CAJUN-ART

Ihren pikanten Geschmack verdanken diese gefüllten Eier dem Tasso-Schinken. Ist er nicht erhältlich, ersetzt man ihn durch rohen Schinken und würzt die Füllung mit Cayennepfeffer und Paprika nach, damit sie ihren typisch akadischen Geschmack bekommt.

ERGIBT 12 GEFÜLLTE EIHÄLFTEN

6 Eier, hartgekocht und geschält
25 g Tasso-Schinken, feingehackt
1 EL feingehackte grüner Paprika
1 Frühlingszwiebel, feingehackt
¹/₂ TL frisch gepreßter Zitronensaft
2 EL Mayonnaise
2 EL Dijon-Senf
1 Msp. frisch gemahlener Pfeffer
1–2 Tropfen Tabasco-Sauce

≈ Die Eier längs halbieren. Das Eigelb herausheben und in einer kleinen Schüssel mit einer Gabel zerdrücken. Die übrigen Zutaten hinzufügen, alles gründlich mit der Gabel vermengen und abschmecken. Die Füllung gleichmäßig auf die Eiweißhälften verteilen.

KALTE GARNELEN IN MEERRETTICHSAUCE

Diese scharfen, würzigen Garnelen, die man vor dem Servieren einige Stunden durchziehen läßt, sind sehr einfach in der Zubereitung. Man serviert sie als Vorspeise – Teller und Besteck können auch durch Zahnstocher und Servietten ersetzt werden.

FÜR 4–6 PERSONEN

2 EL Apfelessig
2 EL Zitronensaft
3 EL Olivenöl
2 Knoblauchzehen, feingehackt
3 EL gehackte Frühlingszwiebeln
2 EL feingehackte frische Petersilie
1 TL zerstoße getrocknete rote Chilischoten
1 TL kreolischer Senf
2 EL Dijon-Senf
2 EL geriebener Meerrettich
½ TL Selleriesamen
450 g mittelgroße gegarte Garnelen, aus der Schale gelöst und Darm entfernt

≈ In einer Schüssel alle Zutaten – mit Ausnahme der Garnelen – gründlich vermischen. Die Garnelen behutsam unterheben, um sie mit der Marinade zu überziehen. Bis zu 24 Stunden – wenigstens aber 3 Stunden – im Kühlschrank durchziehen lassen.

BARBECUE-GARNELEN NACH CAJUN-ART

Trotz ihres Namens werden diese Barbecue-Garnelen bei den Cajuns niemals auf dem Grill gegart. Statt dessen brät man sie kurz in einer Buttersauce, die so scharf ist, daß man die Garnelenschalen erst bei Tisch entfernt. Andernfalls würde das Garnelenfleisch zu stark von der Schärfe durchdrungen. Zu dieser Vorspeise reicht man viel Weißbrot zum Auftunken der scharfen Sauce.

FÜR 6–8 PERSONEN

350 g Butter
6 Knoblauchzehen, feingehackt
1 EL gehacktes frisches Basilikum oder 1 TL getrocknetes
2 TL frischer Rosmarin oder ½ TL getrockneter
1½ TL frischer Oregano oder ½ TL getrockneter
250 ml Fond von Meeresfrüchten (Rezept S. 17)
4 TL frisch gepreßter Zitronensaft
1 EL Worcestershire-Sauce
½ TL Salz
2 TL Cayennepfeffer
1 TL Paprika
2 TL Senfpulver (ersatzweise Senf)
1 TL zerstoßene getrocknete rote Chilischoten
675 g mittelgroße Garnelen in der Schale

≈ In einem schweren Topf bei schwacher Hitze die Butter zerlassen. Sobald die Butter flüssig wird, Knoblauch und Kräuter hinzufügen und den Topf schwenken, bis die Butter vollständig zerlaufen ist.

≈ Die übrigen Zutaten – mit Ausnahme der Garnelen – hinzufügen und alles mit einem Schneebesen gründlich verrühren. Bei schwacher Hitze etwa 15 Min. köcheln lassen, damit die Aromen verschmelzen. Die Garnelen dazugeben und 5-7 Min. garen, bis sie gar sind und sich zusammenrollen. Von der Kochstelle nehmen und in einer hitzebeständigen Servierschüssel anrichten.

SALATE

—— ★ ——

TOMATEN-BASILIKUM-SALAT

Am besten schmeckt dieser erfrischende und raffinierte, aber einfache Salat mit vollreifen Tomaten und frischem Basilikum aus dem eigenen Garten. Als Dressing eignet sich eine Vinaigrette (Rezept S. 123), eine Salatsauce aus Balsamessig und gutem Olivenöl oder eine andere Salatsauce, die den Eigengeschmack der Zutaten zur Geltung bringt.

FÜR 4 PERSONEN

4 große reife Tomaten
1 Bund frisches Basilikum
4–6 dünne Scheiben rote Zwiebel (bei Gemüsehändlern und in gut sortierten Supermärkten erhältlich)
Salz zum Abschmecken
Frisch gemahlener schwarzer Pfeffer

≈ Die Tomaten in Scheiben schneiden, mit etwas Salz bestreuen und etwa 20 Min. auf Küchenkrepp abtropfen lassen.

≈ Das Basilikum waschen und gründlich mit Küchenkrepp trockentupfen oder eine Salatschleuder benutzen. Die Blätter von den Stielen zupfen und einige davon nebeneinander auf einen großen Teller legen. Etwa die Hälfte der Tomatenscheiben darauf verteilen. Die Zwiebelscheiben zu Ringen auseinanderdrücken und etwa die Hälfte davon auf die Tomaten legen. Jeweils eine weitere Lage Basilikum, Tomaten und Zwiebeln daraufschichten. Etwas schwarzen Pfeffer darübermahlen und mit Basilikumblättchen garnieren.

ABWANDLUNG:

≈ Auf die Tomaten dünne Mozzarellascheiben legen.

GARNELENSALAT

Dieser gekühlte Salat besteht aus Garnelen, Artischockenherzen, Oliven und einem cremigen, säuerlichen, aber kalorienreduzierten Dressing.

FÜR 4 PERSONEN

Kopfsalat, Spinat oder eine Mischung aus beidem
450 g Garnelen, gegart, aus der Schale gelöst, Darm entfernt und kalt gestellt
2 große oder 3 mittelgroße Artischockenherzen, gegart, kalt, in Scheiben geschnitten
75 g entsteinte reife Oliven
2 reife Tomaten, in Achtel geschnitten
75 g Champignons, in Scheiben geschnitten

DRESSING

175 ml fettarmer Joghurt
3 EL Mayonnaise
3 EL Buttermilch
1½ TL frisch gepreßter Zitronensaft
1 Frühlingszwiebel, feingehackt
2 EL Dijon-Senf
Salz zum Abschmecken
Frisch gemahlener weißer Pfeffer nach Geschmack

≈ Für das Dressing alle Zutaten verrühren und bis zum Servieren in den Kühlschrank stellen. Die Salatsauce schmeckt besser, wenn man sie einige Stunden durchziehen läßt.

≈ Vier Salatteller mit Salatblättern und/oder Spinat auslegen. Garnelen, Artischocken, Oliven, Tomaten und Pilze zu gleichen Teilen darauf anrichten. Das Dressing darübergeben und nach Belieben mit etwas schwarzem Pfeffer würzen.

UNTEN *Blessing of the Fleet beim jährlichen Festival in Morgan City, das zu Ehren der wichtigsten Wirtschaftszweige der* Region abgehalten wird – der Garnelenfischerei und der Petrochemie.

MAISSALAT

Dieser Salat, den man vor dem Servieren im Kühlschrank durchziehen läßt, bietet eine ausgezeichnete Möglichkeit, übriggebliebenes rohes Gemüse zu verwerten. Nehmen Sie frischen Mais oder ersatzweise tiefgekühlten.

FÜR 6 PERSONEN

450 g Maiskörner (7–8 frische Kolben)
50 g Möhren, in dünne Scheiben geschnitten
50 g Zucchini, in dünne Scheiben geschnitten
12 Kirschtomaten, halbiert
1 grüne Paprikaschote, gehackt
½ kleine rote Zwiebel, in feine Streifen geschnitten
75 g eingelegte reife Oliven, abgetropft
1 EL Kapern

DRESSING

6 EL Olivenöl
3 EL Weißweinessig
1 TL frisch gepreßter Zitronensaft
1 TL Dijon-Senf
1 EL frischer Estragon
½ TL Salz
¼ TL schwarzer Pfeffer
1 gr. Msp. Cayennepfeffer

≈ Den Mais etwa 3 Min. in kochendem Wasser weich garen. Dann abgießen, unter kaltem Wasser abschrecken und abtropfen lassen. Die Maiskörner in einer Schüssel mit den übrigen Salatzutaten vermischen.

≈ Die Zutaten für das Dressing in einer kleinen Schüssel gut verrühren. Das Dressing unter den Salat heben. Einige Stunden im Kühlschrank durchziehen lassen.

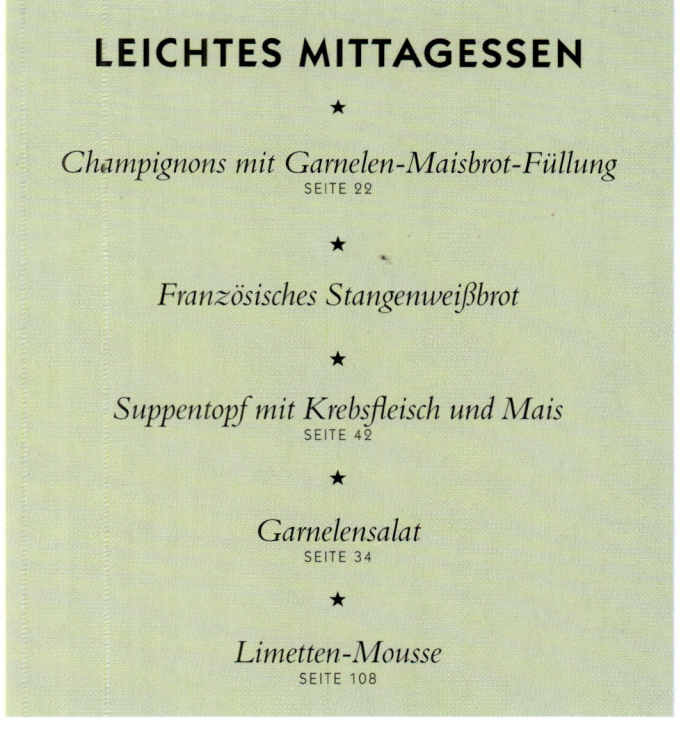

KRAUTSALAT

Dieser kalte säuerliche Krautsalat ist eine ausgezeichnete Beilage zu Rezepten wie »Fritierter Wels« (S. 59), »Barbecue-Garnelen« (S. 30f) oder »Roter Umberfisch nach Cajun-Art« (S. 56f). Nimmt man eine Mischung aus Weiß- und Rotkraut, sieht der Salat besonders appetitlich aus. Er sollte einige Stunden im voraus zubereitet werden, damit sich die Aromen verbinden.

FÜR 4 PERSONEN

275 g gehobeltes Kraut
3 Möhren, geschält und geraffelt
3 Frühlingszwiebeln, feingehackt
¹/₂ große grüne Paprikaschote, in feine Streifen geschnitten
120 ml Mayonnaise
120 ml saure Sahne
4 EL Weißweinessig
1 EL Zucker
1 EL gehackte frische Petersilie
1 TL Selleriesamen
1 EL geriebene Zwiebel
1 Prise Salz
1 Msp. frisch gemahlener schwarzer Pfeffer

≈ Das Gemüse in einer Salatschüssel gründlich vermischen.
≈ In einer kleinen Schüssel die übrigen Zutaten vermischen. Das Dressing abschmecken und unter das Gemüse heben. Den Salat bis zum Servieren zugedeckt im Kühlschrank durchziehen lassen.

LEICHTES MITTAGESSEN

★

Champignons mit Garnelen-Maisbrot-Füllung
SEITE 22

★

Französisches Stangenweißbrot

★

Suppentopf mit Krebsfleisch und Mais
SEITE 42

★

Garnelensalat
SEITE 34

★

Limetten-Mousse
SEITE 108

PIKANTER GEFLÜGELSALAT MIT CHAMPIGNONS

PIKANTER GEFLÜGELSALAT MIT CHAMPIGNONS

Champignons, Mandarinen, Pekannüsse und pikant gewürztes Hühnerfleisch verleihen diesem Salat ein vielschichtiges Aroma.

FÜR 4 PERSONEN

1 TL Salz
¹/₄ TL Cayennepfeffer
¹/₂ TL schwarzer Pfeffer
¹/₄ TL frischer Thymian
1 rohes Hühnerbrustfilet ohne Haut,
in Streifen geschnitten
2 EL Pflanzenöl
275 g grüner Salat, in Stücke gezupft
75 g Champignons, in Scheiben geschnitten
50 g Pekannüsse
2 Satsumas, filetiert, oder 1 Dose (300 g) Mandarinen

≈ In einer kleinen Schüssel die Gewürze vermischen. Das Hühnerfleisch darin wenden, bis es gut von der Gewürzmischung bedeckt ist.

≈ In einer Pfanne das Öl erhitzen und das Hühnerfleisch rundum anbräunen. Auf Küchenkrepp abtropfen lassen und bis zur Verwendung in den Kühlschrank stellen.

≈ In einer Schüssel grünen Salat, Champignons, Pekannüsse, Mandarinen und Hühnerfleisch vermischen. Mit einem Dressing eigener Wahl servieren.

KARTOFFELSALAT

Saure Sahne und frischer Dill geben diesem Salat aus ungeschälten Kartoffeln ein feines Aroma. Man kann ihn gekühlt servieren, doch er schmeckt am besten, wenn die Kartoffeln noch lauwarm sind, denn so kommen die Aromen besser zur Geltung.

FÜR 6–8 PERSONEN

900 g kleine rote Kartoffeln, ungeschält
Mayonnaise
saure Sahne
¹/₂ TL Salz
¹/₄ TL schwarzer Pfeffer
¹/₂ TL Senfpulver (ersatzweise Senf)
2 EL gehackte frische Petersilie
2 EL gehackter frischer Dill
1 Stange Bleichsellerie, in Würfel geschnitten
4 Frühlingszwiebeln, gehackt
3 hartgekochte Eier, in Würfel geschnitten

≈ Die Kartoffeln je nach Größe 20–30 Min. gar kochen. Abgießen und zum Abkühlen beiseite stellen.

≈ Während die Kartoffeln kochen, für das Dressing Mayonnaise, saure Sahne, Salz, Pfeffer, Senfpulver bzw. Senf, Petersilie und Dill verschlagen.

≈ Die Kartoffeln in Würfel schneiden und mit Bleichsellerie, Zwiebeln und Eiern vermischen. Das Dressing unterheben und den Salat abschmecken.

KALTER JAMBALAYA-SALAT

Dieser Reissalat läßt sich gut im voraus zubereiten und eignet sich ausgezeichnet zur Resteverwertung. Besonders ansprechend sieht er aus, wenn man ihn auf einer Servierplatte oder in einer hübschen Keramikform anrichtet, mit Tomaten- und/oder Zitronenachteln umlegt und mit einigen großen gegarten Garnelen und frischer Petersilie garniert.

FÜR 6 PERSONEN

15 g Butter
gehackte Zwiebeln
1 Knoblauchzehe, feingehackt
40 g gekochter Schinken, in Würfel geschnitten
1 TL Salz
¼ TL Cayennepfeffer
1 Lorbeerblatt
225 g weißer Reis
2 EL Olivenöl Extravergine
1 EL Wein- oder Balsamessig
1 EL frisch gepreßter Zitronensaft
1 Spritzer Tabasco-Sauce (nach Belieben)
3 Frühlingszwiebeln, gehackt
2 Stangen Bleichsellerie, gehackt
1 kleine grüne Paprikaschote, gehackt
2 mittelgroße Tomaten, entkernt und in mundgerechte Stücke geschnitten
675 g gegarte Garnelen, Meereskrebsfleisch oder Hühnerfleisch

≈In einem mittelgroßen Topf die Butter zerlassen. Zwiebeln und Knoblauch etwa 5 Min. weich dünsten. 475 ml Wasser, Schinken und Gewürze hinzufügen und zum Kochen bringen. Den Reis unterheben und alles wieder zum Kochen bringen. Dann auf sehr schwache Hitze reduzieren. Den Reis 15–20 Min. bei geschlossenem Topf garen, bis er die Flüssigkeit aufgenommen hat. Den Reis mit einer Gabel auflockern. Den Topf vom Herd nehmen und den Reis 5–10 Min. zugedeckt ruhen lassen. Den Reis in den Kühlschrank stellen oder stehenlassen, bis er kalt ist. Das Lorbeerblatt entfernen.

≈ In einer großen Schüssel Olivenöl, Essig und Zitronensaft unter den Reis heben. Abschmecken und nach Belieben Tabasco-Sauce hinzufügen. Die übrigen Zutaten unterheben, den Salat garnieren und servieren.

SUPPEN UND EINTÖPFE

AUSTERNSUPPE

Die Zubereitung dieser gehaltvollen Suppe, die im wesentlichen aus Austern und Sahne besteht, ist auf geniale Weise einfach.

FÜR 4 PERSONEN

25 g Butter
4 Frühlingszwiebeln, feingehackt
1 Stange Bleichsellerie, feingehackt
1,1 l Sahne
¹/₂ TL Salz
¹/₄ TL Cayennepfeffer
2 TL Worcestershire-Sauce
3 Dutzend große oder 4 Dutzend mittelgroße Austern mit ihrer Flüssigkeit, große Austern halbiert
Butter oder Sherry zum Anrichten

≈ In einem mittelgroßen Topf bei niedriger Temperatur die Butter zerlassen. Frühlingszwiebeln und Bleichsellerie etwa 5 Min. sautieren.

≈ Sahne, Salz, Cayenne und Worcestershire-Sauce hinzufügen und die Flüssigkeit erhitzen, bis sie gerade zu kochen beginnt. Die Temperatur reduzieren, die Austern mit ihrer Flüssigkeit dazugeben und 2–3 Min. garen, bis sich die Ränder der Austern zu kräuseln beginnen. Die Suppe abschmecken.

≈ Nach Belieben jede Portion mit einigen Flöckchen Butter oder einem Schuß Sherry anrichten.

GARNELEN-PORREE-BISQUE

Da für diese gehaltvolle Cremesuppe ein aromatischer Garnelenfond benötigt wird, sollte man nach Möglichkeit ganze Garnelen kaufen. Den Fond für diese Suppe unbedingt selbst kochen, damit er das feine Porreearoma annimmt. Sind nur Garnelen ohne Kopf erhältlich, für den Fond ein paar zusätzliche Garnelenschalen kaufen. Die Suppe kann einige Stunden im voraus zubereitet werden. Die Sahne sollte man aber erst vor dem Servieren hinzufügen.

FÜR 6 PERSONEN

350 g mittelgroße Garnelen, aus der Schale gelöst, Darm entfernt, Köpfe und Schalen aufbewahrt

1 große Möhre, ungeschält, in Würfel geschnitten

2 Stangen Bleichsellerie, mit den Blättern in Streifen geschnitten

2 Stangen Porree, mit den zarten grünen Teilen in Streifen geschnitten

2–3 Stengel frische Petersilie

2 Lorbeerblätter

5 schwarze Pfefferkörner

3 EL Butter

1 Stange Porree, nur die weißen Teile, gehackt

2 Knoblauchzehen, feingehackt

450 g Champignons, in Scheiben geschnitten

2 EL gehackte frische Petersilie

1 Lorbeerblatt

1 TL Salz

2 TL gehacktes frisches Basilikum

1 TL gehackter frischer Thymian

1 gr. Msp. weißer Pfeffer

1 gr. Msp. schwarzer Pfeffer

1 gr. Msp. Cayennepfeffer

1/2 TL Senfpulver (ersatzweise Senf)

3 EL Mehl

350 ml Crème double

2 EL Sherry

≈ Die Köpfe und Schalen der Garnelen, Möhre, Bleichsellerie, Porree, Petersilie, Lorbeerblätter und Pfefferkörner in einen großen Topf geben. Da für die Suppe knapp 1 l Fond benötigt wird, zunächst 1 l Wasser dazugießen, um zu sehen, wie hoch die Flüssigkeit später im Topf stehen muß. Dann weitere 1–1,5 l Wasser hinzufügen, so daß die Zutaten reichlich mit Flüssigkeit bedeckt sind. Zum Kochen bringen und abschäumen. Die Hitze reduzieren und alles 2–3 Std. im offenen Topf köcheln lassen. Bei Bedarf weiteres Wasser angießen, damit immer etwa 1 l Flüssigkeit im Topf ist.

≈ Den fertigen Fond durch ein Sieb gießen; die Köpfe und Schalen der Garnelen und das Gemüse wegwerfen. Knapp 1 l Fond abmessen und bei niedriger Temperatur warm halten. Den restlichen Fond für einen anderen Verwendungszweck einfrieren oder in den Kühlschrank stellen.

≈ In einer Bratpfanne die Butter zerlassen. Porree, Knoblauch und Champignons etwa 10 Min. sautieren. Das Gemüse zusammen mit den Gewürzen und Kräutern zum Fond geben und zum Kochen bringen. Dann die Temperatur verringern und alles 15 Min. im offenen Topf kochen lassen. Die Garnelen hinzufügen und garen lassen, bis sie opak sind und sich zusammengerollt haben.

≈ Die Suppe mit dem Schneidstab des Handrührgeräts pürieren. (Die pürierte Suppe kann nun für mehrere Stunden in den Kühlschrank gestellt und kurz vor dem Servieren aufgewärmt werden.)

≈ Das Mehl mit der Sahne verschlagen und die Suppe damit binden. Bis kurz vor den Siedepunkt erhitzen, aber nicht mehr kochen lassen. Abschmecken und den Sherry hinzufügen.

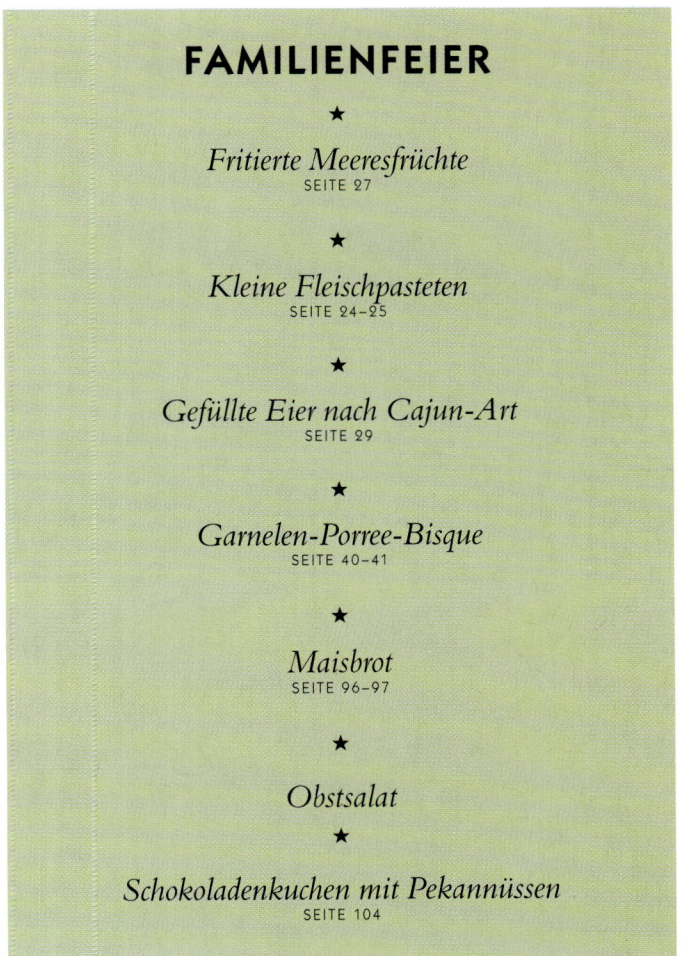

FAMILIENFEIER

★

Fritierte Meeresfrüchte
SEITE 27

★

Kleine Fleischpasteten
SEITE 24–25

★

Gefüllte Eier nach Cajun-Art
SEITE 29

★

Garnelen-Porree-Bisque
SEITE 40–41

★

Maisbrot
SEITE 96–97

★

Obstsalat

★

Schokoladenkuchen mit Pekannüssen
SEITE 104

SUPPE VON GELBEN ZUCCHINI UND KARTOFFELN

Diese gehaltvolle, aber preiswerte Gemüsecremesuppe wird mit sautierten Kartoffelstückchen angerichtet. Wenn man sie im voraus zubereiten möchte, stellt man die Suppe nach dem Pürieren in den Kühlschrank, wärmt sie kurz vor dem Servieren auf und fügt die Sahne hinzu.

FÜR 4 PERSONEN

25 g Butter
100 g Zwiebeln, gehackt
1 Knoblauchzehe, feingehackt
2 große mehligkochende Kartoffeln, ungeschält, in Würfel geschnitten
2–3 gelbe Zucchini, in Scheiben geschnitten
750 ml Geflügelfond (Rezept S. 16) oder Brühe aus Fleischextrakt
1 Msp. Cayennepfeffer
1 Msp. frisch gemahlener schwarzer Pfeffer
1 TL Paprika
$\frac{1}{2}$ TL Thymian
$\frac{1}{2}$ TL Basilikum
Salz nach Geschmack
175 ml Sahne

≈ In einer Bratpfanne bei mittlerer Temperatur die Butter zerlassen. Zwiebeln und Knoblauch etwa 5 Min. sautieren, bis die Zwiebeln weich sind. Die Kartoffelstücke hinzufügen und 8–10 Min. garen. (Wenn nötig, einen weiteren Eßlöffel Butter dazugeben.) 100 g Kartoffeln abnehmen und warm halten. Die Zucchini in die Pfanne geben und etwa 3 Min. weitergaren.

≈ Geflügelfond, Gewürze und Kräuter in einen Topf geben. Zwiebeln, Kartoffeln und Zucchini aus der Pfanne hinzufügen und aufkochen lassen. Dann die Hitze reduzieren und alles etwa 40 Min. kochen lassen. Die Suppe mit dem Schneidstab des Handrührgerätes pürieren.

≈ Die pürierte Suppe erhitzen. Die Sahne hinzufügen, mit Salz abschmecken und wieder erhitzen, jedoch nicht zum Kochen bringen. Die zurückgestellten Kartoffeln auf vier Suppenschalen verteilen und die Suppe darüberschöpfen.

UNTEN Eine alte Eichenallee führt zur Oak Alley Plantation in Vacherie. Mit seinen Säulen im dorischen Stil und der zweistöckigen Veranda ist dieses Herrenhaus ein typisches Beispiel für die Architektur aus der Zeit vor dem Sezessionskrieg.

SUPPENTOPF MIT KREBSFLEISCH UND MAIS

Die Suppe hat ein wundervolles kräftiges Aroma, das durch die Verwendung von trockenem Weißwein besonders zur Geltung kommt.

FÜR 4 PERSONEN

2 EL Butter
$\frac{1}{2}$ Zwiebel, gehackt
1 Stange Bleichsellerie, feingehackt
1 Knoblauchzehe, feingehackt
350 ml Fond von Meeresfrüchten (Rezept S. 17)
120 ml trockener Weißwein oder Geflügelfond (Rezept S. 16)
175 g frische oder tiefgefrorene Maiskörner
$\frac{1}{4}$ TL getrockneter Thymian
$\frac{1}{2}$ TL Salz
1 Msp. Cayennepfeffer
$\frac{1}{4}$ TL weißer Pfeffer
250 ml Sahne
120 ml saure Sahne
100 g Meereskrebsfleisch
1 EL gehackte frische Petersilie
2 Frühlingszwiebeln, gehackt

≈ In einem großen Topf bei schwacher Hitze die Butter zerlassen. Zwiebeln, Bleichsellerie und Knoblauch etwa 5 Min. darin garen.

≈ Den Meeresfrüchte-Fond und den Wein angießen und zum Kochen bringen. Maiskörner, Kräuter und Gewürze hinzufügen und nochmals aufkochen lassen. Dann die Temperatur herunterschalten und die Zutaten etwa 20 Min. im offenen Topf köcheln lassen. Die Sahne unterrühren und das Ganze noch 10 Min. warm halten, ohne daß die Suppe zum Kochen kommt. Die saure Sahne einrühren. Krebsfleisch, Petersilie und Frühlingszwiebeln dazugeben und das Krebsfleisch in der Suppe heiß werden lassen. Nicht zum Kochen bringen.

ARTISCHOCKENCREMESUPPE

Für dieses köstliche Rezept sollte man frische Artischocken verwenden, denn ihre Garflüssigkeit gibt der Suppe zusätzlichen Geschmack. Mit Artischocken aus der Dose wird die Suppe weniger aromatisch.

FÜR 4–6 PERSONEN

ZUM KOCHEN DER ARTISCHOCKEN

2 große oder 3 mittelgroße Artischocken
1 EL Zitronensaft
1/2 TL Salz
2 EL Olivenöl
2 Knoblauchzehen, zerdrückt

FÜR DIE SUPPE

25 g Butter
100 g Zwiebeln, feingehackt
250 ml Garflüssigkeit der Artischocken
475 ml Hühnerfond oder Brühe aus Fleischextrakt
das Artischockenfleisch der Blätter und Stiele
1 gr. Msp. Cayennepfeffer
2 EL frisches Basilikum
20 g Mehl
350 ml Crème double
die in Scheiben geschnittenen Artischockenherzen
Salz zum Abschmecken

≈ Die Stiele der Artischocken auf ca. 1 cm kürzen. Die äußeren Blätter nach außen ziehen und so abbrechen, daß das am Blattursprung sitzende Fleisch am Artischockenherz verbleibt. Wenn auf diese Weise mehrere Reihen der äußeren Blätter entfernt sind, die inneren Blätter mit einem scharfen Messer unmittelbar über dem Artischockenherz wegschneiden. Die entfernten Blätter und Stiele in eine große Schüssel oder einen Beutel geben.

≈ In einem mittelgroßen Topf bei starker Hitze 1 l Wasser zum Kochen bringen. Zitronensaft, Salz, Olivenöl, Knoblauch und Artischockenherzen hinzufügen. Die Artischockenherzen 20–25 Min. bei geringer Hitze kochen lassen, bis sie sich leicht mit einer Gabel einstechen lassen, aber noch fest sind und nicht zerfallen.

≈ Die Artischockenherzen herausnehmen und 250 ml der Garflüssigkeit aufbewahren; den Rest weggießen. Die Artischockenherzen etwas abkühlen lassen und dann mit einem Löffel das Heu in der Mitte herauslösen. Faserige Blattreste am Rand mit einem Messer wegschneiden. Die Artischockenherzen in Scheiben schneiden und beiseite stellen.

≈ Die zurückgestellten Blätter und Stiele in einem großen Topf mit Wasser bedecken und zum Kochen bringen. Dann die Hitze reduzieren und noch 20–25 Min. weiterkochen. Abgießen und abkühlen lassen. Anschließend das Fleisch an den Blättern abschaben und in eine Schüssel geben. Die Stiele schälen, das weiche innere Fleisch in Scheiben schneiden und hinzufügen.

≈ In einer kleinen Bratpfanne bei mittlerer Temperatur die Butter zerlassen. Die Zwiebeln in etwa 5 Min. glasig dünsten. Beiseite stellen.

≈ In einem Topf mittlerer Größe die zurückgestellte Garflüssigkeit der Artischocken und den Hühnerfond zum Kochen bringen. Die Temperatur reduzieren, das Artischockenfleisch der Blätter und Stiele, Cayenne und Basilikum hinzufügen und alles 5 Min. kochen lassen.

≈ Das Mehl mit etwas Sahne verrühren und die Suppe damit binden. Die Suppe mit dem Schneebesen glatt rühren, dann die restliche Sahne dazugeben. Bis kurz vor den Siedepunkt erhitzen und die in Scheiben geschnittenen Artischockenherzen hinzufügen. Mit Salz abschmecken.

BISQUE VON FLUSSKREBSEN

Eine Flußkrebs-Bisque ist ein ganz besonderes Gericht, dessen Zubereitung allerdings viel Zeit in Anspruch nimmt. Die Karkassen der Krebse werden mit einer Maisbrotmischung gefüllt und dann in der Bisque gegart, damit die Füllung das Aroma der Suppe aufnimmt. Auf Reis serviert, ist diese Bisque ein sättigendes Hauptgericht. Das köstlichste Geschmackserlebnis ist es, wenn die Suppe aufgegessen ist und nur noch die gefüllten Flußkrebse im Teller liegen. Man nimmt die Krebse in die Hand und löffelt die Füllung heraus.

Wenigstens einen Tag im voraus sollte man die Flußkrebse garen, den Fond kochen und das Maisbrot backen – und berücksichtigen, auch die meiste Zeit des folgenden Tages in der Küche zu verbringen.

FÜR 4–6 PERSONEN

FOND

1 große Zwiebel, in Streifen geschnitten
1 unbehandelte Zitrone, in Scheiben geschnitten
2 Knoblauchzehen, zerdrückt
3 Stengel frische Petersilie
1 Stange Bleichsellerie mit Blättern, in Streifen geschnitten
2 Nelken
1 EL Senfkörner
1 TL Selleriesamen
2 Lorbeerblätter
1/2 TL zerstoßene getrocknete rote Chilischoten
1 TL schwarzer Pfeffer
1 TL Salz
2,25 kg ganze Flußkrebse

≈ Alle Zutaten – mit Ausnahme der Flußkrebse – in einen großen Topf mit kochendem Wasser geben und 15–20 Min. kochen lassen, damit sich die Aromen entfalten. Dann die Flußkrebse dazugeben, aufkochen lassen und 20 Min. weitergaren. Die Flußkrebse mit einer Schaumkelle herausheben und in kaltem Wasser abschrecken. Den Fond bei schwacher Hitze weiterköcheln lassen, während die Flußkrebse zerlegt werden.

≈ Zum Zerlegen der Flußkrebse jeweils den Schwanz mit einer drehenden Bewegung vom Körper abziehen. Das Fleisch herauslösen und beiseite stellen. Das gelbe Fett von den Körpern entfernen und separat beiseite stellen. Das Unterteil des Brustpanzers mit den Innereien abheben. Die vordere Spitze mit den Augen abbrechen. Die besten Brustpanzer zum Füllen aufbewahren. Die Innereien, alle abgebrochenen Panzerstücke, die Köpfe und die Reste der Schwanzpanzer zurück in den Fond geben und alles köcheln lassen, bis eine Garzeit von insgesamt 1 Std. erreicht ist.

≈ Den Fond durch ein Sieb gießen. Gemüse und Krebsteile wegwerfen. 1,25 l Fond zurückstellen, den Rest für einen anderen Verwendungszweck einfrieren.

GEFÜLLTE FLUSSKREBSE

4–5 Flußkrebspanzer pro Person
25 g Butter
100 g Zwiebeln, gehackt
50 g Frühlingszwiebeln, gehackt
1/2 grüne Paprikaschote, gehackt
1 Stange Bleichsellerie, gehackt
2 Knoblauchzehen, feingehackt
1 EL gehackte frische Petersilie
1 TL frischer Thymian oder 1/4 TL getrockneter
1/2 TL Salz
1 gr. Msp. schwarzer Pfeffer
1 Spritzer Tabasco-Sauce
1 TL Zitronensaft
1 Ei, leicht verquirlt
100 g Maisbrot (Rezept S. 96f), zerkrümelt
die Hälfte des Krebsfleisches, feingehackt
die Hälfte des Krebsfettes
Krebsfond (siehe oben), wenn nötig

OFENTEMPERATUR: 180°C

≈ Die Krebspanzer gründlich säubern, so daß keine Innereien mehr daran haften. Auf Küchenkrepp abtropfen lassen.

≈ In einer großen Pfanne bei niedriger Temperatur die Butter zerlassen. Zwiebeln, Paprikaschote, Bleichsellerie und Knoblauch 5 Min. sautieren. Von der Kochstelle nehmen und in einer Schüssel mit den restlichen Zutaten – außer dem Fond – vermischen. Die Füllung soll zusammenhalten, wenn man ein wenig davon zu einer kleinen Kugel rollt, aber nicht breiig sein. Wenn nötig, etwas Fond hinzufügen.

≈ Die Maisbrotmischung in die Krebspanzer füllen und fest hineindrücken. Die gefüllten Krebspanzer auf ein ungefettetes Backblech legen und bei 180°C für 10 Min. im Backofen garen lassen. Herausnehmen und beiseite stellen.

BISQUE

4 EL Mehl
50 g Schweineschmalz
1 mittelgroße Tomate, entkernt und gehackt
1 Stange Bleichsellerie, gehackt
1 Knoblauchzehe, feingehackt
100 g Zwiebeln, gehackt
1/2 grüne Paprikaschote, gehackt
1,25 l Krebsfond (siehe oben)
restliches Krebsfleisch
restliches Krebsfett
1 TL frischer Thymian oder 1/4 TL getrockneter
1 Lorbeerblatt
1 TL Worcestershire-Sauce
1/2 TL Salz
1/4 TL schwarzer Pfeffer
1 gr. Msp. Cayennepfeffer
1 TL frisch gepreßter Zitronensaft
die gefüllten Krebspanzer (siehe oben)
350 g gegarter Reis zum Servieren
100 g Frühlingszwiebeln, gehackt

≈ Aus dem Schweineschmalz und dem Mehl eine dunkelbraune Roux zubereiten (Rezept S. 15). Die Einbrenne von der Kochstelle nehmen und Tomaten, Bleichsellerie, Knoblauch, Zwiebeln und grünen Paprika unterrühren. Bei sehr schwacher Hitze zurück auf die Kochstelle setzen und etwa 5 Min. garen, bis das Gemüse weich ist. Beiseite stellen.

≈ In einem großen Topf den Krebsfond zum Kochen bringen. Die Roux und das Gemüse eßlöffelweise hinzufügen und jeweils gründlich unterrühren. Krebsfleisch und -fett, Kräuter, Gewürze und Zitronensaft dazugeben. Mit einem Schaumlöffel oder einem großen Löffel behutsam die gefüllten Krebspanzer in die Suppe legen. 45 Min. im offenen Topf kochen lassen.

≈ Den Reis in Suppenteller verteilen. Die gefüllten Krebspanzer aus der Suppe nehmen und darauflegen. Die Frühlingszwiebeln in die Suppe rühren und die Bisque in die Suppenschalen schöpfen.

RECHTS Shadows-on-the-Teche, ein Herrenhaus, das 1830 am Ufer des Bayou Teche in New Iberia errichtet wurde, war einst der Mittelpunkt einer großen Plantage. Heute befindet sich das von Magnolien *und moosbewachsenen Eichen umrahmte Gebäude im Besitz des National Trust for Historic Preservation.*

BISQUE VON FLUSSKREBSEN

GUMBOS UND
JAMBALAYAS

★

GUMBO MIT HÜHNERFLEISCH UND ANDOUILLE

Sein pikantes Aroma verdankt dieses Eintopfgericht, das auf einer Roux basiert, der Andouille-Wurst und den Gewürzen für das Hühnerfleisch. Der Gumbo sollte vor dem Servieren noch einmal abgeschmeckt werden.

FÜR 6 PERSONEN

3 EL Mehl
1 TL Salz
1/2 TL schwarzer Pfeffer
1/4 TL Cayennepfeffer
1 TL Paprika
1/2 TL Zwiebelpulver
1/2 TL Knoblauchpulver
6 Hühnerbrustfilets ohne Haut, in Würfel geschnitten
4 EL Pflanzenöl
100 g Mehl
225 g Schweineschmalz
450 g Zwiebeln, gehackt
2 mittelgroße grüne Paprikaschoten, gehackt
3 Stangen Bleichsellerie, gehackt
1,75 l Geflügelfond (Rezept S. 16)
350 g Andouille, in Würfel geschnitten
2 Knoblauchzehen, feingehackt
350 g gegarter Reis zum Servieren

≈ In einer kleinen Schüssel 3 EL Mehl mit den Gewürzen vermischen. Das Hühnerfleisch darin wenden, so daß es mit Gewürzmischung bedeckt ist. In einer großen Bratpfanne das Öl erhitzen und das Hühnerfleisch anbräunen. Wenn nötig, auf Küchenkrepp abtropfen lassen. Beiseite stellen.

≈ Aus dem restlichen Mehl und dem Schweineschmalz eine dunkelbraune Roux (Rezept S. 15) zubereiten. Die Einbrenne vom Herd nehmen und die gehackten Gemüse hinzufügen. Rühren, bis die Roux nicht mehr dunkler wird. Zurück auf die Kochstelle setzen und 5 Min. garen, bis die Gemüse weich sind.

≈ Nach und nach den Geflügelfond unterrühren. Aufkochen lassen, dann Hühnerfleisch, Andouille und Knoblauch dazugeben. Die Temperatur reduzieren und alles 1 Std. kochen lassen. Zwischendurch nach Belieben das Fett abschöpfen, das sich an der Oberfläche sammelt. Den Gumbo abschmecken und auf Reis servieren.

GUMBO

VIELES AUS DER GESCHICHTE DER CAJUNS UND IHRER KÜCHE SPIEGELT sich in dem Eintopfgericht wider, das sie Gumbo nennen. Wie zahlreiche andere Speisen aus Louisiana hat sich auch der Gumbo aus einem französischen Gericht entwickelt – der Bouillabaise. Der Name Gumbo leitet sich von »kingombo« ab, einer Okra-Art, deren Samen afrikanische Sklaven mit in die Neue Welt brachten. Getrocknete gemahlene Sassafras-Blätter, die zum Würzen und Andicken verwendet werden, steuerten die Choctaw-Indianer bei. Spanische Siedler fügten Paprikaschoten hinzu. Und anstelle von Fischen, Hummern und Aalen aus dem Mittelmeer nahm man am Golf von Mexiko Garnelen, Meereskrebse und Austern.

≈ Für Gumbos eignet sich fast jede Art von Fleisch, Fisch oder Wild. Roastbeef, Alligator, Froschschenkel, Bratwürstchen oder andere Würste, Eier und getrocknete Garnelen gehören zu den ausgefalleneren Zutaten. Häufig verwendet werden dagegen frische Garnelen, Meereskrebse, Austern, Flußkrebse, Roter Umberfisch, Huhn, Ente und pikante Andouille-Wurst.

≈ Die meisten Gumbos basieren auf einer Roux aus Schweineschmalz und Mehl, die dem Eintopf Aroma, Farbe und Fülle verleiht. Außerdem fügt man gehackte Gemüse hinzu – und einen kräftigen Fond, der stundenlang aus Garnelenschalen, Karkassen von Meereskrebsen oder Hühnerteilen gekocht wird. Gumbos schmecken pikant, sind aber nicht so scharf wie ihre kulinarischen Vettern, die Jambalayas.

≈ Gumbos lassen sich auch mit Okraschoten andicken, und gesundheitsbewußte Feinschmecker nehmen sie anstelle der Roux. Gemahlene getrocknete Sassafras-Blätter können ebenfalls zum Andicken verwendet werden. Man darf sie jedoch erst hinzufügen, wenn der Gumbo fertig ist und man ihn von der Kochstelle genommen hat. Mitunter streut man sie auch in die Suppenschalen. Werden Sassafras-Blätter gekocht, nehmen sie einen unangenehmen Geschmack an, ziehen Fäden und färben den Gumbo dunkel.

≈ Traditionell serviert man Gumbos auf gegartem weißem Reis in großen flachen Schüsseln.

GUMBO MIT MEERESFRÜCHTEN UND OKRAS

Dieser eher milde Gumbo ist leichter als ein Gumbo mit Roux, da zum Andicken Okraschoten genommen werden. Verwenden Sie wenigstens drei verschiedene Arten von Fisch und Meeresfrüchten in beliebiger Zusammenstellung: Garnelen, Meereskrebse, Austern, Flußkrebsschwänze, Venusmuscheln, Miesmuscheln, Kammuscheln oder filetierter und in Würfel geschnittener Roter Umberfisch, Roter Schnapper, Kabeljau oder dergleichen. Auch Froschschenkel können verwendet werden.

2 EL Pflanzenöl
450 g Zwiebeln, gehackt
2 große grüne Paprikaschoten, gehackt
2 Stangen Bleichsellerie, gehackt
3 Knoblauchzehen, feingehackt
3 große oder 4 mittelgroße Tomaten, entkernt und gehackt
250 g Tomatensauce aus der Dose
1,75 l Fond von Meeresfrüchten (Rezept S. 17)
1 EL frisch gepreßter Zitronensaft
2 Lorbeerblätter
1 EL frischer Thymian oder 1 TL getrockneter
1 TL Salz
¼ TL schwarzer Pfeffer
1 gr. Msp. Cayennepfeffer
1 gr. Msp. weißer Pfeffer
½ TL Paprika
675 g Okraschoten, in Scheiben geschnitten
900 g gemischte frische Meeresfrüchte (siehe oben)
450 g gegarter Reis zum Servieren
gemahlene Sassafras-Blätter (nach Wunsch)

≈ In einer großen Pfanne das Öl erhitzen. Zwiebeln, Paprikaschoten, Bleichsellerie und Knoblauch in etwa 5 Min. weich dünsten. Das Gemüse in einen großen Topf geben und Tomaten, Tomatensauce, Fond, Zitronensaft sowie Kräuter und Gewürze hinzufügen. Zum Kochen bringen. Dann die Temperatur reduzieren und im offenen Topf 5 Min. garen lassen.

≈ Die Okras dazugeben und erneut aufkochen lassen. Die Hitze reduzieren und das Ganze 30 Min. kochen lassen. Fisch und Meeresfrüchte hinzufügen: Fischstücke und Froschschenkel haben die längste Garzeit, Austern die kürzeste.

≈ Den Reis in großen Portionsschalen anrichten und den Gumbo darüberschöpfen. Nach Belieben jeweils eine Messerspitze gemahlene Sassafras-Blätter dazugeben.

ANDOUILLE MIT HUHN, ANDOUILLE UND GARNELEN

ABENDESSEN MIT FREUNDEN

★

Barbecue-Garnelen nach Cajun-Art und französisches Stangenweißbrot
SEITE 30–31

★

Grüner Salat

★

Gumbo mit Hühnerfleisch und Andouille
SEITE 47

★

Batatenkuchen mit Pekannüssen
SEITE 105

OBEN Am nördlichen Stadtrand von St. Francisville, 50 km nördlich von Baton Rouge am Mississippi, liegen die Afton Villa Gardens. Die Gärten gehörten früher zu einer großen Plantage. Das Her- *renhaus, das Mitte des 19. Jahrhunderts im neugotischen Stil erbaut wurde, überlebte den Bürgerkrieg, brannte aber in den 60er Jahren unseres Jahrhunderts nieder.*

GUMBO MIT ENTENFLEISCH, AUSTERN UND ARTISCHOCKEN

Dieser Gumbo auf Rouxbasis vereint das feine Aroma von Ente, Austern und Artischocken. Am Tag bevor man den Gumbo zubereitet, muß die Ente gebraten und der Fond gekocht werden, doch ist der Lohn für all die Arbeit ein köstlicher herzhafter Eintopf.

FÜR 8 PERSONEN

1 Hausente
100 g Schweineschmalz
50 g Mehl
225 g Zwiebeln, gehackt
225 g grüne Paprikaschoten, gehackt
2 Stangen Bleichsellerie, gehackt
2 Knoblauchzehen
1,75 l Entenfond (siehe unten)
375 g gegartes Entenfleisch
1 EL frisches Basilikum oder 1 TL getrocknetes
1/2 TL Senfpulver (ersatzweise Senf)
1 TL Salz
1/2 TL schwarzer Pfeffer
1/4 TL Cayennepfeffer
1 TL Paprika
1 1/2 TL frischer Thymian oder 1/2 TL getrockneter
4 Artischockenherzen, gegart und in Scheiben geschnitten (siehe Artischockencremesuppe, S. 43)
1 Dutzend Austern, aus der Schale gelöst, in mundgerechte Stücke geschnitten
4 Frühlingszwiebeln, gehackt
50 g frische Petersilie, gehackt
450 g gegarter Reis als Beilage

≈ Die Ente wie auf S. 70 beschrieben braten, jedoch die gewürzten Zwiebeln mit dem Orangensaft weglassen. Das Fleisch von den Knochen lösen, in Stücke schneiden und in den Kühlschrank stellen; es werden ungefähr 375 g Entenfleisch für den Gumbo benötigt. Aus der Entenkarkasse einen Fond kochen (Rezept S. 16).

≈ In einem mittelgroßen Topf aus dem Schweineschmalz und dem Mehl eine dunkelbraune Roux zubereiten (Rezept S. 15). Den Topf vom Herd nehmen und Zwiebeln, Paprikaschote, Bleichsellerie und Knoblauch dazugeben. Rühren, bis die Roux nicht mehr dunkler wird. Dann zurück auf die Kochstelle setzen und noch etwa 5 Min. garen, bis das Gemüse weich ist.

≈ In einem großen Topf den Entenfond zum Kochen bringen. Löffelweise die Roux hinzufügen und jeweils gründlich unterrühren. Entenfleisch, Kräuter und Gewürze dazugeben und alles 40 Min. köcheln lassen. Die Artischocken hinzufügen und den Gumbo weitere 5 Min. köcheln lassen. Austern, Frühlingszwiebeln und Petersilie dazugeben und die Austern 2–3 Min. im Gumbo erhitzen, bis sich ihre Ränder zu kräuseln beginnen. Den Reis in großen Portionsschüsseln anrichten und den Gumbo darüberschöpfen.

JAMBALAYA MIT HUHN, ANDOUILLE UND GARNELEN

Vor allem das Fleisch gibt diesem Eintopf einen überaus pikanten Geschmack. Man sollte das Gericht vor dem Servieren unbedingt abschmecken und entsprechend nachwürzen, wenn Tasso-Schinken und Andouille durch anderen Schinken oder andere Wurst ersetzt wurden. Dieses Gericht besitzt eine gewisse Schärfe, die den meisten genügt. Wer allerdings die beißende Schärfe der traditionellen Cajun-Küche mag, muß mehr schwarzen Pfeffer und Cayenne hinzufügen.

FÜR 6–8 PERSONEN

1 TL Salz
1/2 TL Cayennepfeffer
1/2 TL schwarzer Pfeffer
1 1/2 TL frischer Thymian oder 1/2 TL getrockneter
2 Hühnerbrustfilets ohne Haut, in Würfel geschnitten
30 ml (2 EL) Pflanzenöl
3 Stangen Bleichsellerie, gehackt
2 mittelgroße Zwiebeln, gehackt
2 mittelgroße grüne Paprikaschoten, gehackt
2 Knoblauchzehen, feingehackt
100 g Tasso- oder anderer Räucherschinken, in Stücke geschnitten
150 g Andouille oder andere pikante Wurst, in Scheiben geschnitten
450 g Tomaten, entkernt und gehackt
225 g Tomatensauce aus der Dose
250 ml Geflügel- oder Meeresfrüchtefond (Rezept S. 16f)
225 g mittelgroße Garnelen, aus der Schale gelöst, Darm entfernt
100 g Frühlingszwiebeln, gehackt
575 g gegarter Reis zum Servieren

≈ In einer kleinen Schüssel Salz, Cayennepfeffer, schwarzen Pfeffer und Thymian vermischen. Das Hühnerfleisch darin wenden, bis es gut von der Gewürzmischung bedeckt ist.

≈ In einer großen Bratpfanne oder einem Schmortopf das Öl erhitzen. Das Hühnerfleisch 6–8 Min. unter häufigem Rühren anbräunen. Bleichsellerie, Zwiebeln, grüne Paprika und Knoblauch dazugeben und etwa 5 Min. mitgaren, bis das Gemüse weich ist.

≈ Tasso-Schinken, Andouille, Tomaten, Tomatensauce und Fond hinzufügen und zum Kochen bringen. Die Temperatur herunterschalten und garen lassen, bis die Tomaten zerkocht sind und eine kräftige rote Sauce entstanden ist. Die Garnelen dazugeben und 2–3 Min. erhitzen, bis sie gar sind und sich fest zusammengerollt haben. Den Eintopf abschmecken – er soll recht pikant sein. Die Frühlingszwiebeln und soviel Reis unterrühren, daß der Eintopf weder flüssig wie eine Suppe noch zu trocken ist.

ANMERKUNG:

≈ Wird der Reis ohne Salz gegart, den Jambalaya-Eintopf stärker salzen.

JAMBALAYA MIT MEERESFRÜCHTEN

Schinken ist eine traditionelle Zutat für Jambalaya – aber kein Muß. Dieses Rezept ist auch für Vegetarier geeignet. Nach Belieben kann man aber 100–225 g gehackten Schinken hinzufügen.

FÜR 6–8 PERSONEN

2 EL Pflanzenöl
1 Zwiebel, gehackt
1 grüne Paprikaschote, gehackt
2 Stangen Bleichsellerie, gehackt
3 Knoblauchzehen, feingehackt
3 große Tomaten, entkernt und gehackt
250 ml Tomatensauce aus der Dose
250 ml Fond von Meeresfrüchten (Rezept S.17)
50 g frische Petersilie, gehackt
2 Lorbeerblätter
1 EL frischer Thymian oder 1 TL getrockneter
1 TL Salz
1/4 TL schwarzer Pfeffer
1/2 TL Cayennepfeffer
1 gr. Msp. weißer Pfeffer
900 g frische küchenfertige Meeresfrüchte (Garnelen, Meereskrebsfleisch, Flußkrebsschwänze oder Austern) in beliebiger Zusammenstellung
100 g Frühlingszwiebeln, gehackt
450 g gegarter Reis als Beilage

≈ In einer hohen Bratpfanne oder einem Schmortopf das Öl erhitzen. Zwiebeln, grüne Paprika, Bleichsellerie und Knoblauch in etwa 5 Min. weich garen. Tomaten, Tomatensauce, Fond, Petersilie, Kräuter und Gewürze hinzufügen und alles köcheln lassen, bis die Tomaten zerkocht sind und die Flüssigkeit etwas reduziert ist. Abschmecken.

≈ Die Meeresfrüchte dazugeben. (Austern in mundgerechte Stücke schneiden und erst 2–3 Min. vor Ende der Garzeit hinzufügen). 5–7 Min. köcheln lassen, bis die Garnelen gar sind und sich fest zusammengerollt haben. Unmittelbar vor dem Servieren die Frühlingszwiebeln unterrühren. Auf Reis servieren.

ANMERKUNG:

≈ Wenn der Reis ohne Salz gekocht wird, den Jambalaya-Eintopf stärker salzen.

JAMBALAYA

Es gibt die unterschiedlichsten Theorien über den Ursprung des Wortes Jambalaya. Die gängigste ist, daß sich der Begriff von dem spanischen Wort jamon oder dem französischen Wort jambon ableitet, was beides »Schinken« bedeutet. Und so ist es kaum verwunderlich, daß praktisch alle Jambalaya-Rezepte Schinken enthalten.

≈ Jambalaya ist ein Abkömmling der spanischen Paella, die während der spanischen Besetzung im späten 18. Jahrhundert ihren Weg nach Louisiana fand. Doch anstelle von Safran, der der Paella eine goldgelbe Farbe verleiht, würzen die Cajuns ihre Jambalayas mit Cayennepfeffer.

≈ Jambalaya ist eine Art Haschee. Es gibt eine Reihe von Grundzutaten – Reis, Gewürze, ein wenig Schinken, reichlich Tomaten, Zwiebeln, Bleichsellerie und grüne Paprika –, die durch Fleisch oder Meeresfrüchte ergänzt werden. Zumeist verwendet man Schal- und Krustentiere, Huhn und Wurst, doch reicht die Palette der möglichen Zutaten von Schweinerippchen bis zu Kaninchen und Alligator.

≈ Die meisten Jambalaya-Gerichte werden auf dem Herd gekocht, aber man kann das sautierte Gemüse und die heiße Brühe auch in einen großen ofenfesten Keramiktopf füllen und zum Garen in den Backofen stellen. Bei vielen Rezepten wird der Reis – nach Art einer Paella – in der Jambalaya-Brühe gegart. Es kann allerdings von Vorteil sein, gegarten Reis unter das fertige Gericht zu rühren, weil man dadurch die gewünschte Konsistenz und Textur der Jambalayas besser beeinflussen kann. Anderenfalls besteht die Gefahr, daß man sich in der Flüssigkeitsmenge verschätzt und das fertige Gericht entweder zu flüssig oder zu trocken ist.

RECHTS New Orleans ist zwar das gesellschaftliche Zentrum Louisianas, doch steht das Kapitol, das von einer 12 ha großen Gartenanlage umgeben ist, in Baton Rouge am Mississippi.

FISCH UND MEERESFRÜCHTE

FLUSSKREBSPASTETE

Bei diesem Rezept nimmt die kräftige Füllung durch das Paprikapulver eine rosarote Farbe an. Da es recht zeitaufwendig ist, eine ausreichend große Menge an Flußkrebsen zu kochen und zu säubern, um das benötigte Krebsfleisch zu erhalten, sollte man nach Möglichkeit gegarte ausgelöste Flußkrebsschwänze kaufen. Den Pastetenteig nach einem Rezept eigener Wahl herstellen oder den auf S. 24 aufgeführten Mürbeteig verwenden.

FÜR 6–8 PERSONEN

50 g Schweineschmalz
25 g Mehl
100 g Zwiebeln, gehackt
1 große Stange Bleichsellerie, gehackt
½ große grüne Paprikaschote, gehackt
2 Knoblauchzehen, feingehackt
2 EL gehackte frische Petersilie
120 ml Fond von Meeresfrüchten (Rezept S. 17)
350 ml Sahne
1 TL Paprika
¾ TL frischer Thymian oder ¼ TL getrockneter
1 ½ TL gehacktes frisches Basilikum oder ½ TL getrocknetes
¼ TL schwarzer Pfeffer
¼ TL Cayennepfeffer
1 gr. Msp. weißer Pfeffer
1 TL Salz
2 TL frisch gepreßter Zitronensaft
675 g Flußkrebsschwänze, aus dem Panzer gelöst und gegart
6 Frühlingszwiebeln, gehackt
Pastetenteig

OFENTEMPERATUR: 190°C

≈ In einem schweren Topf aus dem Schweineschmalz und dem Mehl eine hellbraune Roux zubereiten (Rezept S. 15). Den Topf vom Herd nehmen und Gemüse, Knoblauch und Petersilie unterrühren. Anschließend zurück auf die Kochstelle setzen und das Gemüse in etwa 5 Min. weich garen.

≈ In einem zweiten Topf Fond und Sahne leicht kochen lassen. Löffelweise die Roux dazugeben und jeweils gründlich unterrühren. Gewürze, Kräuter und Zitronensaft hinzufügen und zum Kochen bringen. Dann die Hitze reduzieren und alles 20 Min. köcheln lassen. Flußkrebsschwänze und Frühlingszwiebeln dazugeben. Abschmecken und die Füllung abkühlen lassen, bis sie nur noch lauwarm ist.

≈ Den Pastetenteig ausrollen und eine 23 cm große Pastetenform damit auskleiden. Den Teigboden mit etwas Mehl bestäuben, damit er nicht durchweicht. Die Füllung hineingeben und mit der zweiten Teigplatte abdecken. Überstehenden Teig abtrennen und die Ränder fest zusammendrücken, so daß ein Wellenmuster entsteht.

≈ Die Pastete bei 190°C in etwa 30 Min. im Backofen goldbraun backen. Vor dem Servieren etwa 10 Min. abkühlen lassen.

ROTER UMBERFISCH NACH CAJUN-ART

Die plötzliche und große Beliebtheit von *blackened redfish* Mitte der 80er Jahre hat dazu geführt, daß Roter Umberfisch vor der Küste der amerikanischen Südstaaten knapp geworden ist. Glücklicherweise läßt sich dieses Rezept auch mit jedem anderen Fisch zubereiten, der festes Fleisch hat und nicht dicker als 2 cm ist. Filets von Rotem Schnapper, Ziegelbarsch, Zackenbarsch, Pompano, Lachs und Wels sind beispielsweise gut geeignet.

≈ Der Fisch wird in einer glühend heißen Pfanne gegart. Es empfiehlt sich daher, für eine gute Belüftung zu sorgen und einen dichtschließenden Deckel bereitzulegen, um die Flammen zu ersticken, die nicht selten auflodern. Eine gußeiserne Pfanne ist unbedingt erforderlich, denn die starke Hitze würde jede andere Pfanne ruinieren. Auf einem Holzkohlegrill wird die Pfanne nicht heiß genug.

≈ Trotz all dieser Warnungen und Anweisungen ist *blackened redfish* ein einfaches und schnelles Gericht – und schmeckt vorzüglich. Wer das Rezept zum ersten Mal ausprobiert, sollte ein zusätzliches kleines Fischfilet kaufen und damit experimentieren, um ein Gefühl für die Garmethode zu entwickeln.

≈ Der Fisch verlangt uneingeschränkte Aufmerksamkeit. Wenn man für die Beilagen und die Buttersauce keinen Helfer in der Küche hat, sollte man sie zubereiten, bevor der Fisch gebraten wird, und die Buttersauce zum Servieren wieder erhitzen – zum Beispiel im Mikrowellengerät.

≈ Getrocknete Kräuter, Zwiebel- und Knoblauchpulver sind für dieses Rezept am besten geeignet, da frische Kräuter und frischer Knoblauch durch die starke Hitze einen unangenehmen, strengen Geschmack bekommen. Je nach Appetit können die Fischfilets zwischen 100 g und 350 g wiegen, sollten aber nicht dicker als 2 cm sein, und je gleichmäßiger ihre Stärke, desto besser.

FÜR 6 PERSONEN

6 Fischfilets
175 g Butter, zerlassen

GEWÜRZMISCHUNG:

1¹/₂ TL Salz
1 EL Paprika
1 TL Zwiebelpulver
1 TL Knoblauchpulver
1 TL getrockneter Thymian
¹/₂ TL getrockneter Oregano
¹/₂ TL schwarzer Pfeffer
1 TL Cayennepfeffer

BUTTERSAUCE:

100 g Butter, zerlassen
1 EL frisch gepreßter Zitronensaft
1 Frühlingszwiebel, feingehackt
¹/₄ TL Cayennepfeffer
¹/₄ TL Salz

≈ Eine gußeiserne Pfanne bei hoher Temperatur wenigstens 10 Min. lang erhitzen, bis sie zu rauchen beginnt und sich auf dem Pfannenboden weiße Asche bildet. Zeigt sich nach 20 Min. keine Asche, erzeugt der Herd vermutlich nicht genügend Hitze. In diesem Fall einige Tropfen Wasser in die Pfanne geben: Tanzen die Wassertropfen hin und her, reicht die Temperatur zum Braten der Fischfilets trotzdem aus, doch erhöht sich dann die Garzeit auf jeder Seite um 30 Sek.

≈ Alle Zutaten für die Gewürzmischung verrühren und beiseite stellen.

≈ Die Zutaten für die Buttersauce in einer Schüssel beiseite stellen.

≈ Die Fischfilets in zerlassener Butter wenden, dann auf beiden Seiten mit der Gewürzmischung bestreuen und die Gewürze andrücken. Die Butter erstarrt auf dem kalten Fisch und kann deshalb leicht »abblättern«. Ist dies der Fall, kann man noch etwas zerlassene Butter auf die freien Stellen schöpfen, wenn der Fisch bereits in der Pfanne brät. Aber Vorsicht: Die Butter entzündet sich leicht. Ist dies der Fall, sofort den Deckel auf die Pfanne legen, um die Flammen zu ersticken, und dann mit der Zubereitung fortfahren.

≈ Wenn die Pfanne heiß ist, rasch 2 Fischfilets hineinlegen und nicht länger als 2 Min. braten, bis die Unterseite schwarz ist. (Der Fisch wird nicht durchgängig schwarz, sondern nur ein Teil der Gewürze, vorstehende Teile und Flossen verkohlen.) Den Fisch wenden. Sind die Filets nicht gleichmäßig dick, den Fisch mit einem Bratenwender behutsam flach drücken. Die zweite Seite ebenfalls nicht länger als 2 Min. braten, bis die Gewürze und Wülste verkohlt sind. Im Inneren soll der Fisch durch, aber dabei saftig sein. Bei niedriger Temperatur im Backofen warm halten, während die übrigen Fischfilets gebraten werden.

≈ Die Buttersauce, wenn nötig, wieder erhitzen und über den Fisch schöpfen. Sofort servieren.

WELS MIT PEKANKRUSTE

WELS MIT PEKANKRUSTE

Statt mit Mehl werden diese Welsfilets mit gemahlenen Pekannüssen paniert und im Backofen gegart. Das Nußaroma harmoniert ausgezeichnet mit der Gewürzpaste aus saurer Sahne, Senf und Frühlingszwiebeln.

FÜR 4 PERSONEN

4 EL Dijon-Senf
4 EL saure Sahne
2 EL Milch
4 Frühlingszwiebeln, feingehackt
100 g Pekannüsse, feingemahlen
4 Welsfilets ohne Haut (je etwa 175 g)

OFENTEMPERATUR: 240°C

≈ In einer Schüssel Senf, saure Sahne, Milch und Frühlingszwiebeln verrühren. Die Welsfilets in der Mischung wenden, bis sie gleichmäßig damit überzogen sind. Da die Senfpaste recht zähflüssig ist, können dabei einige Stellen frei bleiben. Diese Stellen nachträglich mit Senfpaste bestreichen. Die Fischfilets anschließend in den gemahlenen Pekannüssen wenden.

≈ Die panierten Welsfilets auf ein gefettetes Backblech legen und 8–10 Min. im Backofen garen, bis sie durch, aber noch saftig sind.

SOMMERLICHES ABENDESSEN

★

Heißer Krebsfleisch-Dip

★

Kalte Garnelen in Meerrettichsauce

★

Maissalat

★

Scharfe grüne Bohnen

★

Maisbrot

★

Pfirsich-Amaretto-Eiscreme

FRITIERTER WELS

Bei diesem Rezept werden die Filets in Viertel geschnitten, so daß die dicksten Teile am Rand sind und der Fisch gleichmäßiger gart. Die Welsfilets werden fritiert; man kann sie auch in der Pfanne braten, muß dann jedoch die Garzeit ein wenig verlängern. Man serviert den Fisch mit Zitronenachteln und Tatarensauce (Rezept S. 121) und reicht dazu Maismehlkrapfen (Rezept S. 95) und Krautsalat (Rezept S. 35) oder Maissalat (Rezept S. 34).

FÜR 4 PERSONEN

50 g Mehl
$1/_2$ TL Salz
$1/_2$ TL schwarzer Pfeffer
1 gr. Msp. Cayennepfeffer
$1/_2$ TL Paprika
1 TL Senfpulver (ersatzweise Senf)
1 Ei, leicht verquirlt
175 ml Milch
1 Spritzer Tabasco-Sauce
100 g Maismehl
25 g Maisstärke
25 g Mehl
$1/_2$ TL Salz
$1/_2$ TL schwarzer Pfeffer
$1/_2$ TL Cayennepfeffer
$1/_2$ TL Zwiebelpulver
$1/_2$ TL Knoblauchpulver
4 Welsfilets ohne Haut (je etwa 175 g), in vier Stücke geschnitten
Pflanzenöl zum Fritieren

≈ Drei Schüsseln bereitstellen. In der ersten Schüssel Weizenmehl, Salz, Pfeffer, Cayennepfeffer, Paprika und Senfpulver bzw. Senf vermischen. In der zweiten Schüssel das Ei und die Milch verrühren und mit einigen Tropfen Tabasco-Sauce würzen. In der dritten Schüssel das Maismehl und alle übrigen Zutaten – mit Ausnahme der Welsfilets und des Öls – vermischen.

≈ Die Fischstücke zuerst in der Weizenmehlmischung wenden und überschüssiges Mehl abklopfen. Dann durch die Eimischung ziehen und anschließend mit der Maismehlmischung panieren. (Man kann die beiden Mehlmischungen auch in Papier- oder Plastiktüten füllen und die Welsstücke zum Panieren darin hin- und herschütteln.)

≈ In eine hohe Bratpfanne oder einen Wok 7,5 cm hoch Öl füllen auf 180°C erhitzen. Den panierten Wels partienweise hineingeben und auf jeder Seite $1^1/_2$–2 Min. goldbraun fritieren. Auf Küchenkrepp abtropfen lassen und im Ofen warm halten, während die übrigen Fischstücke fritiert werden. Das Öl vor jeder Partie wieder auf 180°C erhitzen.

FORELLE MIT MANDELN

Bei der klassischen Zubereitungsmethode für dieses Gericht werden die Forellen mit Mehl oder Semmelbröseln paniert und in der Pfanne gebraten. Ich grille sie lieber mit etwas Olivenöl und Paprika und richte sie anschließend mit knusprigen Mandeln und Frühlingszwiebeln an. Das Resultat ist ein einfaches Gericht mit wundervollem Aroma und weniger Kalorien.

FÜR 2 PERSONEN

2 kleine Forellen (je etwa 450 g), filetiert und ohne Kopf (im ganzen oder in 2 Stücken)
2 EL Olivenöl
1/2 TL Paprika
40 g Butter
75 g abgezogene Mandeln, längs halbiert
1 TL Worcestershire-Sauce
2 TL frisch gepreßter Zitronensaft
1 TL abgeriebene Zitronenschale
1 Spritzer Tabasco-Sauce
3 Frühlingszwiebeln, gehackt
2 EL gehackte frische Petersilie

≈ Eine Grillpfanne mit Antihaftspray einsprühen. Die Forellen mit der Hautseite nach unten auf den Rost legen. Olivenöl und Paprika verrühren und die Oberseite damit bestreichen. Mit etwa 15 cm Abstand zur Wärmequelle in den Grill schieben und die Forellenfilets 5–6 Min. grillen, bis sie gar, aber noch saftig sind. (Die Garzeit beträgt etwa 10 Min. pro 2,5 cm Dicke.)

≈ Während der Fisch gegrillt wird, in einer kleinen Bratpfanne die Butter zerlassen. Die Mandeln dazugeben und goldbraun braten. Worcestershire-Sauce, Zitronensaft, Zitronenschale und Tabasco-Sauce hinzufügen und alles gründlich durchrühren. Die Pfanne von der Kochstelle nehmen. Frühlingszwiebeln und Petersilie dazugeben und die Mandelmischung sofort auf den Forellen verteilen.

HAIFISCH VOM HOLZKOHLENGRILL

Dieses Grillrezept ist eine einfache Methode zur Zubereitung von Haifisch oder anderem Fisch mit festem Fleisch. Man kann Buttersauce (Rezept S. 124) dazu reichen, doch ist der Fisch auch ohne Sauce köstlich.

FÜR 4 PERSONEN

3 EL frisch gepreßter Zitronensaft
3 EL frisch gepreßter Limettensaft
1/2 TL abgeriebene Zitronenschale
1/2 TL abgeriebene Limettenschale
4 EL Olivenöl
3 EL gehackter frischer Dill
3 Knoblauchzehen, feingehackt
1 Prise Salz
4 Haifischsteaks (je etwa 175 g)
frisch gemahlener schwarzer Pfeffer

≈ In einer Glasschüssel oder einem anderen säurebeständigen Gefäß alle Zutaten – mit Ausnahme der Haifischsteaks und des Pfeffers – verrühren. Die Fischsteaks gründlich in der Marinade wenden und den Dill und die Knoblauchstückchen gleichmäßig darauf verteilen. Etwas schwarzen Pfeffer darübermahlen, mit Klarsichtfolie abdecken und für wenigstens 2 Std. in den Kühlschrank stellen; den Fisch zwischendurch ein- oder zweimal wenden.

≈ Wenn die Holzkohlen durchgeglüht sind, den Grillrost leicht einfetten. Die Haifischsteaks darauflegen und auf jeder Seite etwa 5 Min. grillen. (Die Garzeit beträgt etwa 10 Min. pro 2,5 cm Dicke.) Nach Belieben mit etwas Marinade begießen. Der Fisch ist gar, wenn das Fleisch weiß, aber noch saftig ist.

FISCH MIT KREBSFÜLLUNG

Dieses Gericht kann mit Portionsfischen zubereitet werden, wie Forelle, Roter Schnapper, Meerbarbe, Scholle oder Seezunge, oder man nimmt einen großen Fisch und richtet ihn auf einer Platte mit Zitronenscheiben und Petersilie an. Frisches Krebsfleisch ist am besten, doch läßt sich auch tiefgefrorenes oder konserviertes verwenden. Nach Belieben Buttersauce (Rezept S. 124) dazu reichen.

FÜR 4 PERSONEN

25 g Butter
6 Frühlingszwiebeln, gehackt
100 g Champignons, grobgehackt
1 EL gehackte frische Petersilie
1 Knoblauchzehe, feingehackt
1/4 TL Salz
1/4 TL Paprika
1/4 TL schwarzer Pfeffer
2 EL frisch geriebener Parmesankäse
4 EL Crème double oder Sahne
225 g frisches Meereskrebsfleisch, verlesen
4 ganze Fische (je etwa 225 g), ausgenommen und entgrätet
Salz zum Abschmecken
frisch gemahlener schwarzer Pfeffer
Mehl zum Panieren (nach Wunsch)
Olivenöl oder zerlassene Butter

OFENTEMPERATUR: 180°C

≈ In einer kleinen Bratpfanne die Butter zerlassen. Zwiebeln, Champignons, Petersilie und Knoblauch in etwa 5 Min. weichgaren. Salz, Paprika, Pfeffer, Parmesankäse und Sahne unterrühren und anschließend das Krebsfleisch behutsam unterheben. Die Füllung beiseite stellen.

≈ Die Fische abspülen, mit Küchenkrepp trockentupfen und innen mit Salz und Pfeffer würzen. Nach Belieben in Mehl wenden; überschüssiges Mehl abklopfen.

≈ Die Fische mit der Krebsfleischmischung füllen und mit Holzspießchen oder Küchengarn verschließen. In eine leicht gefettete ofenfeste Form legen und mit Olivenöl bestreichen oder mit zerlassener Butter beträufeln.

≈ Etwa 10 Min. bei 180°C im Backofen garen, bis das Fleisch an der dicksten Stelle durch, aber noch saftig ist. Der Fisch gart noch nach, so daß man ihn aus dem Ofen nehmen kann, noch bevor er sich mit einer Gabel leicht zerpflücken läßt.

ANMERKUNG:

≈ Wird anstelle von Portionsfischen ein großer Fisch verwendet, benötigt man für 4–5 Personen einen Fisch von 1,25–1,5 kg.

FLUSSKREBSRAGOUT

Das französische Wort *étouffée* bedeutet »schmoren«, und bei diesem Rezept werden Flußkrebsschwänze in einer kräftigen Sauce auf Rouxbasis geschmort. Man kann die Sauce im voraus zubereiten, kurz vor dem Servieren wieder erhitzen und dann die Flußkrebsschwänze hinzufügen.

FÜR 4–6 PERSONEN

100 g Schweineschmalz
50 g Mehl
225 g Zwiebeln, gehackt
1 große grüne Paprikaschote, gehackt
1 große Stange Bleichsellerie, gehackt
4 Knoblauchzehen, feingehackt
4 mittelgroße Tomaten, entkernt und gehackt
75 g frische Petersilie, gehackt
475 ml Fond von Meeresfrüchten (Rezept S. 17)
1/2 TL Cayennepfeffer
1/2 TL schwarzer Pfeffer
1 TL Salz
1 1/2 TL schwarzer Pfeffer
1 TL Salz
1 1/2 TL frischer Thymian oder 1/2 TL getrockneter
675 g Flußkrebsschwänze, aus dem Panzer gelöst und gegart
8 Frühlingszwiebeln, gehackt
225–350 g gegarter Reis als Beilage

≈ In einem schweren Topf aus dem Schweineschmalz und dem Mehl eine dunkelbraune Roux zubereiten (Rezept S. 15). Vom Herd nehmen und das Gemüse und die Petersilie unterrühren. Den Topf zurück auf die Kochstelle setzen und das Gemüse etwa 5 Min. garen, bis es weich ist.

≈ In einem großen Topf den Fond langsam zum Kochen bringen. Die Roux mit dem Gemüse löffelweise dazugeben und jeweils umrühren. Gewürze und Thymian hinzufügen. Die Hitze reduzieren und alles 30 Min. kochen lassen.

≈ Die Flußkrebsschwänze hinzufügen und das Ragout noch etwa 5 Min. köcheln lassen, bis die Krebsschwänze heiß sind. Kurz vor dem Servieren die Frühlingszwiebeln unterrühren. Auf Reis servieren.

FLUSSKREBSRAGOUT

GARNELEN AUF KREOLISCHE ART

Nach Möglichkeit sollte man für dieses Gericht ganze Garnelen kaufen und die Köpfe und Schalen zum Kochen des Fonds nehmen. Man kann die Sauce im voraus zubereiten, kurz vor dem Servieren wieder erhitzen und dann die Garnelen dazugeben. Das Gericht ist nur mild gewürzt. Soll es schärfer sein, würzt man mit mehr Cayennepfeffer oder Tabasco-Sauce.

FÜR 6 PERSONEN

2 EL Pflanzenöl
225 g Zwiebeln, gehackt
1 große grüne Paprikaschote, gehackt
2 Stangen Bleichsellerie, gehackt
3 Knoblauchzehen, feingehackt
450 g frische Tomaten, entkernt und gehackt
250 ml Tomatensauce aus der Dose
120 ml trockener Rotwein oder Fond von Meeresfrüchten (Rezept S. 17)
350 ml Fond von Meeresfrüchten (Rezept S. 17)
1 TL Salz
2 Lorbeerblätter
2 EL gehackte frische Petersilie
1 EL gehacktes frisches Basilikum oder 1 TL getrocknetes
1½ TL frischer Thymian oder ½ TL getrockneter
½ TL schwarzer Pfeffer
¼ TL Cayennepfeffer
1 Spritzer Tabasco-Sauce
1 EL frisch gepreßter Zitronensaft
450 g mittelgroße Garnelen, aus der Schale gelöst, Darm entfernt
6 Frühlingszwiebeln, gehackt
350 g gegarter Reis als Beilage

≈ In einem großen Topf das Öl erhitzen und die Hälfte der Zwiebeln darin goldbraun braten. Restliche Zwiebeln, grüne Paprika, Bleichsellerie und Knoblauch dazugeben und alles etwa 5 Min. sautieren, bis das Gemüse weich ist.

≈ Tomaten, Tomatensauce, Wein, Fond, Kräuter und Gewürze, Tabasco-Sauce und Zitronensaft hinzufügen. Unter Rühren zum Kochen bringen. Die Hitze reduzieren und die Sauce 30 Min. kochen lassen.

≈ Kurz vor dem Servieren die Garnelen und Frühlingszwiebeln dazugeben und 5–7 Min. erhitzen, bis die Garnelen gar sind und sich fest zusammengerollt haben. Auf Reis servieren.

GEGRILLTE GARNELEN MIT LIMETTE

Dies ist ein köstliches Grillrezept mit wenig Fett und viel Aroma.

FÜR 6 PERSONEN

120 ml Erdnußöl
4 EL frisch gepreßter Limettensaft
4 Knoblauchzehen, feingehackt
2 EL gehackter frischer Koriander
½ TL zerstoße getrocknete Chilischoten
½ TL Salz
¼ TL schwarzer Pfeffer
675 g mittelgroße Garnelen, aus der Schale gelöst, Darm entfernt

≈ In einer Glasschüssel oder einem anderen säurebeständigen Gefäß alle Zutaten außer den Garnelen verrühren. Die Garnelen in der Marinade wenden, so daß sie gut davon überzogen werden. Für einige Stunden in den Kühlschrank stellen und zwischendurch ein- oder zweimal wenden. Werden Holzspieße verwendet, die Spieße in der Zwischenzeit für wenigstens 1 Std. in Wasser legen, damit sie beim Grillen nicht verbrennen.

≈ Die marinierten Garnelen auf die Spieße stecken, ohne daß sie sich berühren. Wenn die Holzkohlen durchgeglüht sind, die Spieße unmittelbar über der Glut auf den Grillrost legen. Die Garnelen 2–3 Min. grillen, bis sie durch sind und sich fest zusammengerollt haben; die Spieße zwischendurch einmal wenden. Die Garnelen nicht zu lange garen, da sie sonst hart und zäh werden.

GEKOCHTE GARNELEN

Dies ist ein Grundrezept zum Kochen von Garnelen, die kalt mit einem Dip, Remouladensauce oder in einem Salat gereicht werden sollen. Die Garnelen können vor dem Garen auch aus der Schale gelöst werden. Als Garflüssigkeit läßt sich auch Wein oder Bier verwenden, und man kann mehr zerstoßenen Chili hinzufügen, wenn man die Garnelen schärfer haben möchte.

ERGIBT 450 G

2 Möhren, in Scheiben geschnitten
1 Zwiebel, in Streifen geschnitten
2 Knoblauchzehen, zerdrückt
1 Lorbeerblatt
Petersilienstengel
1 TL Salz
1 EL Senfkörner
1 TL schwarzer Pfeffer
¼ TL zerstoßene getrocknete Chilischoten
1 unbehandelte Zitrone, in Scheiben geschnitten
450 g Garnelen

≈ In einem großen Topf 2,5 l Wasser zum Kochen bringen. Möhren, Zwiebeln, Knoblauch, Lorbeerblatt und Petersilie hinzufügen und alles 10 Min. kochen lassen, damit die Flüssigkeit Aroma bekommt. Gewürze und Zitronenscheiben hinzufügen und 2 Min. mitkochen lassen.

≈ Die Garnelen dazugeben und 2–3 Min. kochen lassen, bis sie durch sind und sich fest zusammengerollt haben. Die Garnelen nicht zu lange kochen, da sie sonst hart und zäh werden. Abgießen und in den Kühlschrank stellen oder auf Eis legen.

DIE ATMOSPHÄRE VON NEW ORLEANS

LINKS Das Old Absinthe House, das zusammen mit anderen burlesken Lokalen in der Bourbon Street liegt, ist nach dem grünen Schnaps benannt, den man hier ausschenkte, bevor er in den Vereinigten Staaten verboten wurde.

OBEN Diese Straßenbahn mit Namen Desire, benannt nach dem gleichnamigen Bühnenstück von Tennessee Williams, steht im French Quarter.

RECHTS New Orleans ist für seine kunstvollen schmiedeeisernen Balkone berühmt.

OBEN Wie die Küche Louisianas ist auch die Musik eine Mischung verschiedener Kulturströmungen. Der New-Orleans-Jazz ist aus Dixieland, Rhythm and Blues, afrikanischer Trommelmusik, karibischem Kalypso und Gospel-Chören hervorgegangen. Entstanden ist der Sound in den Clubs der Bourbon Street und in der Preservation Hall, dem bekanntesten Jazz-Club der Stadt.

RECHTS Die Pontalba Apartments im französischen Viertel von New Orleans wurden 1850 erbaut und gelten als die ältesten Appartement-Häuser Amerikas. Die vierstöckigen Gebäude aus rotem Backstein sind noch heute eine renommierte Adresse, und es gibt eine lange Warteliste mit Mietinteressenten.

FLEISCH UND GEFLÜGEL

★

HÄHNCHEN MIT SENFKRUSTE

Diese mit Senf und saurer Sahne überzogenen Hähnchenteile sind überaus schmackhaft und einfach in der Zubereitung.

FÜR 6–8 PERSONEN

120 ml saure Sahne
4 EL kreolischer Senf
175 g Maisbrot (Rezept S. 96f), zerkrümelt
1¹/₂ TL frischer Thymian oder ¹/₂ TL getrockneter
1 TL Salz
¹/₄ TL schwarzer Pfeffer
¹/₄ TL Cayennepfeffer
2 Hähnchen (je etwa 1,25–1,5 kg), in Portionsstücke zerlegt
4 EL zerlassene Butter

OFENTEMPERATUR: 190°C

≈ In einer kleinen Schüssel saure Sahne und Senf verrühren. In einer zweiten Schüssel zerkrümeltes Maisbrot, Thymian und Gewürze vermischen.

≈ Die Hühnerteile mit der Senfpaste bestreichen und anschließend in der Brotmischung wenden. Die Stücke nebeneinander in eine große flache ofenfeste Form legen und mit der zerlassenen Butter beträufeln. Etwa 1 Std. bei 190°C im Backofen garen, bis das Geflügel goldbraun ist und klarer Saft austritt, wenn man mit einem Messer hineinsticht.

KALBSKOTELETTS MIT REIS-GARNELEN-FÜLLUNG

Dieses schmackhafte Gericht erfordert zahlreiche Arbeitsschritte, ist aber recht einfach in der Zubereitung.

FÜLLUNG

15 g Butter
50 g Zwiebeln, gehackt
1 Knoblauchzehe, feingehackt
475 ml Rinderfond (Rezept S. 16) oder Fertig-Bouillon
1/2 TL abgeriebene Zitronenschale
1/2 TL Salz
1/4 TL schwarzer Pfeffer
1 1/2 TL frischer Thymian oder 1/2 TL getrockneter
175 g Naturreis
50 g Wildreis
25 g Butter
1/2 kleine grüne Paprikaschote, gehackt
1 Stange Bleichsellerie, gehackt
4–5 Frühlingszwiebeln, gehackt
175 g Garnelen, gegart, aus der Schale gelöst, Darm entfernt, grobgehackt

≈ In einer kleinen Bratpfanne bei mittlerer Hitze 15 g Butter zerlassen. Zwiebeln und Knoblauch in etwa 5 Min. glasig dünsten.

≈ In einem Topf den Rinderfond zum Kochen bringen. Gedünstete Zwiebeln und Knoblauch, Zitronenschale, Salz, Pfeffer, Thymian, braunen Reis und Wildreis dazugeben und wieder aufkochen lassen. Dann auf sehr niedrige Temperatur herunterschalten, und den Reis etwa 50 Min. bei geschlossenem Topf garen, bis er die Flüssigkeit aufgenommen hat.

≈ In einer Bratpfanne bei mittlerer Hitze 25 g Butter zerlassen. Die Paprika- und Bleichselleriestücke etwa 5 Min. garen. Die Frühlingszwiebeln hinzufügen und 1 Min. mitdünsten. Gemüse und Garnelen zum Reis geben und beiseite stellen.

KALBSKOTELETTS

4 Kalbskoteletts (wenigstens 2–2,5 cm dick)
50 g Mehl
1/2 TL Salz
1 gr. Msp. Pfeffer
1/4 TL Paprika
1/4 TL Zwiebelpulver
1/4 TL Knoblauchpulver
3–4 EL Pflanzenöl
120–250 ml Rinderfond (Rezept S. 16) oder Fertig-Bouillon

OFENTEMPERATUR: 180°C

≈ In jedes Kalbskotelett eine Tasche schneiden.

≈ In einer Schüssel das Mehl mit den Gewürzen vermischen. Die Koteletts im gewürzten Mehl wenden.

≈ In einer großen Bratpfanne bei hoher Temperatur das Öl erhitzen. Die Koteletts auf beiden Seiten leicht anbraten, dann von der Kochstelle nehmen.

≈ Die Koteletts mit einem Teil der Reismischung füllen. Dann in eine flache ofenfeste Form legen und soviel Rinderfond angießen, daß 1/2 cm hoch Flüssigkeit in der Form steht. Die Form abdecken und bei 180°C etwa 1 Std. garen, bis das Fleisch weich und nicht mehr rosa ist. Die restliche Füllung als Beilage reichen.

GEBRATENE ENTE

Da Hausenten sehr fett sind, sollten sie ohne Füllung zubereitet werden, damit das ausgebratene Fett den Geschmack der Füllung nicht überdeckt. Dazu serviert man als Beilage »Flußkrebs-Maisbrot-Füllung« (Rezept S. 97). Das Fleisch kann auch für »Ente mit Garnelen und Fettucine« (Rezept S. 81), einen Geflügelsalat oder für »Reis mit Ente« (Rezept S. 77). verwendet werden.

FÜR 4 PERSONEN

1 Hausente (etwa 1,75–2,25 kg)
1 TL Salz
1/2 TL schwarzer Pfeffer
1 TL Senfpulver (ersatzweise Senf)
1 TL Knoblauchpulver
1/2 TL getrockneter Salbei
1 Zwiebel, in Viertel geschnitten
2 EL Pflanzenöl
1 Zwiebel, gehackt
2 Knoblauchzehen, feingehackt
1 Stange Bleichsellerie, feingehackt
1 Lorbeerblatt
2 EL Worcestershire-Sauce
120 ml Orangensaft

OFENTEMPERATUR: 180°C

≈ Das Entenklein aus der Bauchhöhle herausnehmen und für ein anderes Gericht verwenden. In einer kleinen Schüssel die Gewürze vermischen. Die Ente innen und außen mit der Gewürzmischung einreiben. Die Zwiebelviertel in die Bauchhöhle stecken, damit sie unerwünschte Aromen aufnehmen können. Die Ente auf den Rost der Fettpfanne oder eines Bräters legen, damit das Fett abtropfen kann.

≈ In einer Bratpfanne bei mittlerer Temperatur das Öl erhitzen. Gehackte Zwiebel, Knoblauch, Bleichsellerie und Lorbeerblatt in etwa 5 Min. weich dünsten, bis das Gemüse weich ist. Worcestershire-Sauce und Orangensaft hinzufügen, alles kurz aufkochen lassen und dann über die Ente gießen.

≈ Die Ente bei 180°C im Backofen braten und gelegentlich mit Bratensaft begießen. Die Garzeit beträgt pro 500 g etwa 20 Min.

GEBRATENE ENTE

KREOLISCHES HÜHNERRAGOUT MIT KLÖSSCHEN

Die Zubereitung dieses Hühnerragouts nimmt den größten Teil des Tages in Anspruch, doch ist das herzhafte Gericht die Arbeit wert. Als Grundlage dient ein Hühnerfond, der aus dem Huhn gekocht wird, das man später für das Ragout nimmt.

FÜR 4 PERSONEN

HÜHNERFOND

1 Huhn (etwa 1,5 kg), halbiert
900 g Hühnerklein (Hälse und Rückenknochen)
2 Möhren, ungeschält, in Stücke geschnitten
1/2 Zwiebel, in Stücke geschnitten
2 Stangen Bleichsellerie mit Blättern, in Streifen geschnitten
1 Lorbeerblatt
1 1/2 TL frischer Thymian oder 1/2 TL getrockneter
4 schwarze Pfefferkörner
1 TL Salz

≈ Alle Zutaten in einen großen Suppentopf geben und mit Wasser bedecken. Zum Kochen bringen und den graubraunen Schaum abschöpfen. Die Temperatur reduzieren und alles etwa 45 Min. köcheln lassen. Die Hähnchenhälften aus dem Topf nehmen und etwas abkühlen lassen. Dann das Fleisch von den Knochen lösen und in den Kühlschrank stellen. Knochen und Haut zurück in den Topf geben und den Fond weiter im offenen Topf köcheln lassen, bis eine Gesamtgarzeit von etwa 3 Std. erreicht ist. Den Fond durch ein Sieb gießen, Knochen und Gemüse wegwerfen. Für das Ragout 1,15 l Fond abnehmen, den Rest für einen anderen Verwendungszweck einfrieren oder in den Kühlschrank stellen. Das Fett vom Fond abschöpfen.

RAGOUT

40 g Schweineschmalz
20 g Mehl
350 g Zwiebeln, gehackt
1 große grüne Paprikaschote, gehackt
225 g Bleichsellerie, gehackt
2 mittelgroße Tomaten, entkernt und gehackt
1,15 l Hühnerfond (siehe oben)
Fleisch von 1 Huhn, in Streifen oder mundgerechte Stücke geschnitten
1/4 TL Senfpulver (ersatzweise Senf)
1/2 TL Paprika
1 gr. Msp. weißer Pfeffer
1 gr. Msp. Cayennepfeffer
Salz zum Abschmecken
2 EL gehackte frische Petersilie
Klößchen (siehe unten)

≈ In einem Topf mittlerer Größe aus dem Schweineschmalz und dem Mehl eine mittelbraune Roux zubereiten (Rezept S. 15). Die Roux vom Herd nehmen und das Gemüse einrühren. Dann zurück auf die Kochstelle setzen und in etwa 5 Min. das Gemüse weich garen.

≈ In einer hohen Bratpfanne oder einem großen Topf den Hühnerfond zum Kochen bringen. Löffelweise die Roux mit dem Gemüse hinzufügen und jeweils gut umrühren. Hühnerfleisch, Gewürze und Petersilie dazugeben und alles 30 Min. im offenen Topf köcheln lassen.

≈ In der Zwischenzeit die Klößchen zubereiten.

KLÖSSCHEN

150 g Mehl
1 1/2 TL Backpulver
1/2 TL Salz
1 TL Senfpulver (ersatzweise Senf)
1/4 TL Cayennepfeffer
2 Eier, leicht verquirlt
4 EL Milch
50 g Butter, zerlassen
2–3 Frühlingszwiebeln, feingehackt
2 EL gehackte frische Petersilie

≈ Mehl, Backpulver und Gewürze in einer Schüssel vermischen. Eier, Milch und Butter in einer zweiten Schüssel verrühren und anschließend unter die Mehlmischung heben. Frühlingszwiebeln und Petersilie hinzufügen.

≈ Mit einem Löffel kleine Klößchen abstechen und in einem Dämpfeinsatz in einem Topf mit siedendem Wasser etwa 7 Min. dämpfen, bis sie leicht aufgegangen sind.

≈ Die Klößchen auf das Ragout legen und alles noch 5 Min. im offenen Topf garen.

KANINCHENRAGOUT MIT PORREE UND WILDPILZEN

Wildpilze verleihen diesem Ragout einen wahrhaft himmlischen Geschmack. Es ist kein schwieriges Gericht. Das Kaninchen wird bereits am Vortag in die Marinade gelegt, die man später als Teil der Garflüssigkeit verwenden sollte. Die Sauce schmeckt ganz vorzüglich.

FÜR 4 PERSONEN

1,5 kg Kaninchen, in 8 Portionsstücke zerlegt
4 EL Olivenöl
120 ml trockener Weißwein
2 Stengel frischer Estragon, mit einem Stößel zerquetscht
1 Lorbeerblatt
2 Knoblauchzehen, feingehackt
2 Möhren, geschält und in Scheiben geschnitten
1 Stange Porree (nur der weiße Teil), in feine Streifen geschnitten
1 Msp. frisch gemahlener schwarzer Pfeffer
60–120 g Mehl
30 ml (2 EL) Olivenöl
1 Stange Porree (nur der weiße Teil), in feine Streifen geschnitten
250 ml trockener Weißwein
475 ml Geflügelfond (Rezept S. 16)
40 g Butter
225 g Wildpilze (in beliebiger Zusammenstellung), in Viertel geschnitten
Nudeln oder Reis als Beilage

≈ Für die Marinade in einer Glasschüssel oder einem anderen säurebeständigen Gefäß Olivenöl, Wein, Estragon, Lorbeerblatt, Knoblauch, Möhren, 1 Stange Porree und gemahlenen Pfeffer vermischen. Die Kaninchenteile 24 Std. im Kühlschrank marinieren und während dieser Zeit mehrmals in der Marinade wenden.

≈ Kaninchenstücke und Gemüse aus der Marinade nehmen und das Lorbeerblatt wegwerfen. Die Marinierflüssigkeit aufbewahren. Den Estragon feinhacken. Die Kaninchenteile trockentupfen und in Mehl wenden.

≈ In einem großen Topf oder Bräter 2 EL Olivenöl erhitzen. Die Kaninchenteile rundum anbräunen, dann aus dem Topf nehmen. Das Gemüse aus der Marinade zusammen mit einer weiteren in Streifen geschnittenen Porreestange garen. Estragon, Kaninchenstücke, Wein und Fond dazugeben und alles zum Kochen bringen. Die Hitze reduzieren und das Ragout 30 Min. im offenen Topf köcheln lassen. Das Fett von der Oberfläche abschöpfen.

≈ In einer kleinen Bratpfanne die Butter zerlassen. Die Pilze 7 Min. gardünsten und anschließend zum Ragout geben. Alles noch etwa 30 Min. kochen lassen, bis das Kaninchenfleisch weich ist. Das Ragout mit Nudeln oder Reis servieren.

SCHWEINEBRATEN MIT APFEL-WALNUSS-FÜLLUNG

Dieser gefüllte Rollbraten sieht raffiniert aus, ist aber dabei recht einfach in der Zubereitung. Die wichtigsten Utensilien sind Küchengarn zum Binden des gefüllten Bratens, ein Bratenthermometer, um feststellen zu können, wann das Fleisch gar ist und ein scharfes Tranchiermesser. Die Füllung schmeckt köstlich – säuerliche Äpfel mit sautierten Zwiebeln, süßen Rosinen, knackigen Walnüssen und einem Hauch von Nelke. Es lohnt sich, etwas mehr Füllung zuzubereiten und als Beilage zu reichen. Die Walnußhälften sollten jeweils in 2–4 Stücke geschnitten, aber nicht kleiner gehackt werden. Sind die Sultaninen trocken, weicht man sie 20 Min. in heißem Wasser ein und läßt sie dann abtropfen. Sie können durch Rosinen ersetzt werden, doch ist das Aroma nicht das gleiche.

FÜR 8 PERSONEN

80 g Butter
2 große säuerliche Äpfel, geschält, Kerngehäuse entfernt, in 1 cm große Stücke geschnitten
1 kleine Zwiebel, gehackt
2 Stangen Bleichsellerie, gehackt
1 Knoblauchzehe, feingehackt
175 g frische Weißbrotkrumen
100 g Walnußstücke
75 g Sultaninen
$\frac{1}{2}$ TL Salz
$\frac{1}{4}$ TL gemahlene Nelken
$\frac{1}{2}$ TL Senfpulver (ersatzweise Senf)
1 entbeintes Schweinskarree (etwa 1,5–1,6 kg)
2–3 EL Pflanzenöl

OFENTEMPERATUR: 190°C

≈ In einer Bratpfanne mittlerer Größe die Hälfte der Butter zerlassen. Die Apfelstücke 7–10 Min. weich dünsten. Die Äpfel herausnehmen und beiseite stellen.

≈ Die restliche Butter in die Pfanne geben und Zwiebeln, Bleichsellerie und Knoblauch etwa 5 Min. garen, bis die Zwiebeln glasig sind. Beiseite stellen.

≈ In einer großen Schüssel Äpfel, gegartes Gemüse, Brotkrumen, Walnüsse, Sultaninen, Salz, Nelke und Senfpulver bzw. Senf vermengen. Die Füllung muß kein glatter Teig sein, sollte aber etwas feucht sein. Bei Bedarf etwas Milch hinzufügen. Die Füllung beiseite stellen.

≈ Das Schweinskarree der Länge nach waagerecht einschneiden und auseinanderklappen. An den dicksten Stellen in Längsrichtung einschneiden.

≈ In einer großen Bratpfanne das Öl erhitzen. Das Schweinefleisch kurz anbraten, bis die Außenseite gebräunt ist. Dann aus der Pfanne nehmen und auf die Arbeitsfläche legen. Die Füllmasse in die Einschnitte drücken,

das Fleisch aufrollen und mit Küchengarn binden. Füllmasse, die beim Aufrollen herausfällt, wieder hineindrücken.

≈ Den Rollbraten auf den Rost eines Bräters legen. Bei 190°C im Backofen garen, bis ein Bratenthermometer wenigstens 65°C anzeigt; das Thermometer an der dicksten Stelle in den Braten stechen, jedoch nicht so weit, daß es die Temperatur der Füllung mißt. Bei 65°C ist das Fleisch noch sehr saftig und etwas rosa. Soll das Fleisch durchgebraten sein, die Garzeit verlängern, bis das Bratenthermometer 75°C anzeigt. Die Garzeit beträgt pro Pfund 25–30 Min., doch sollte man in jedem Fall mit dem Bratenthermometer kontrollieren wie durch das Fleisch ist.

≈ Den Rollbraten aus dem Ofen nehmen und vor dem Aufschneiden 15 Min. ruhen lassen.

ANMERKUNG:

≈ Übriggebliebene oder zusätzliche Füllung in eine mit Butter eingefettete ofenfeste Form geben und je nach Menge 15–25 Min. bei 190°C im Backofen garen.

NUDEL- UND REISGERICHTE

REIS MIT ENTE

Nehmen Sie für diese köstliche Mahlzeit die Reste eines Entenbratens. Ist nur wenig Fleisch übriggeblieben, serviert man den Reis als Beilage statt als Hauptgericht.

FÜR 4–6 PERSONEN

2 EL Entenfett oder Pflanzenöl
100 g Zwiebeln, gehackt
50 g Champignons, in Scheiben geschnitten
350 g ungegarter Reis
750 ml Entenfond
2 TL Salz
2 TL frischer Thymian oder $^1/_2$ TL getrockneter
2 TL Paprika
$^1/_2$ TL schwarzer Pfeffer
2 EL feingehackte Bleichsellerieblätter
100 g Frühlingszwiebeln, gehackt
350 g gegartes Entenfleisch, in mundgerechte Stücke geschnitten

OFENTEMPERATUR: 180°C

≈ In einer Bratpfanne bei mittlerer Temperatur das Entenfett oder das Öl erhitzen. Zwiebeln und Champignons etwa 5 Min. dünsten, bis die Zwiebeln glasig sind. Den Reis dazugeben und in etwa 5 Min. leicht anbräunen.

≈ In der Zwischenzeit in einem Topf den Entenfond mit Thymian, Gewürzen und Bleichsellerieblättern zum Kochen bringen. Reis und Fond in einen gefetteten ofenfesten Keramiktopf von 2 l Fassungsvermögen geben. Entenfleisch und Frühlingszwiebeln unterrühren. Das Ganze etwa 1 Std. bei geschlossenem Topf bei 180°C im Backofen garen, bis der Reis die Flüssigkeit aufgenommen hat und weich ist.

»SCHMUTZIGER REIS«

Dieses traditionelle Cajun-Gericht wird als preiswertes Hauptgericht oder – in kleineren Portionen – als Beilage serviert. Die Hühnerleber gibt dem Reis einen feinen Geschmack, durch die Hühnermägen bekommt er ein unerwartet köstliches Fleischaroma. Wenn die Garflüssigkeit der Hühnermägen einen kräftigen Geschmack hat, kann man einen Teil des Fonds durch sie ersetzen. Bei den Cajuns ist das Gericht schärfer als in diesem Rezept – kosten Sie also vor dem Servieren und würzen Sie nach Belieben entsprechend nach.

FÜR 6 PERSONEN ALS BEILAGE

225 g Hühnermägen oder Herzen und Mägen
2 EL Pflanzenöl
1 Zwiebel, gehackt
1 Stange Bleichsellerie, gehackt
1/2 grüne Paprikaschote, gehackt
3 Knoblauchzehen, feingehackt
50 g Hühnerleber, pariert und gehackt
50 g gehacktes Schweinefleisch
250 ml Hühnerfond oder Fertig-Bouillon
1/4 TL schwarzer Pfeffer
1/4 TL Salz
1/4 TL Cayennepfeffer
1/2 TL Senfpulver (ersatzweise Senf)
1/2 TL gemahlener Kreuzkümmel
225 g gegarter weißer Reis
2 Frühlingszwiebeln, gehackt
2 EL gehackte frische Petersilie

≈ Die Hühnermägen in einem kleinen Topf mit Wasser bedecken und zum Kochen bringen. Die Hitze reduzieren und die Hühnermägen 1 Std. im offenen Topf köcheln lassen; bei Bedarf weiteres Wasser hinzufügen. Abgießen, etwas abkühlen lassen und dann hacken.

≈ In einem großen Topf bei mittlerer Temperatur das Öl erhitzen. Zwiebeln, Bleichsellerie, Paprika und Knoblauch in etwa 5 Min. weich dünsten. Hühnerleber und Hackfleisch dazugeben und unter Rühren garen, bis das Hackfleisch gebräunt ist. Die gehackten Hühnermägen zusammen mit Hühnerfond und Gewürzen hinzufügen und die Flüssigkeit ein wenig einkochen lassen. Abschmecken.

≈ Wurde der Reis ohne Salz gegart, die Sauce etwas stärker salzen. Reis, Frühlingszwiebeln und Petersilie dazugeben und alles etwa 2 Min. erhitzen, bis der Reis heiß ist.

ROTE BOHNEN UND REIS MIT TASSO UND ANDOUILLE

Durch den stark gewürzten Tasso-Schinken und die Andouille-Wurst ist dieses Gericht sehr scharf. Man kann den Tasso-Schinken durch Schweinehaspel ersetzen, sollte dann jedoch mehr Cayenne- und schwarzen Pfeffer nehmen, da das Gericht sonst sehr mild wird. Das kurz vor dem Servieren hinzugefügte rohe Gemüse gibt dem Eintopf einen angenehmen Biß.

FÜR 6–8 PERSONEN ALS HAUPTGERICHT

450 g getrocknete Kidney-Bohnen, verlesen
2–4 EL Pflanzenöl oder ausgelassenes Fett von Frühstücksspeck
450 g Zwiebeln, gehackt
4 Stangen Bleichsellerie, gehackt
2 1/2 grüne Paprikaschoten, gehackt
2 Knoblauchzehen, feingehackt
225 g Tasso-Schinken, in Würfel geschnitten
225 g Andouille, in Scheiben geschnitten
2 Lorbeerblätter
2 TL Salz
2 TL gemahlener Kreuzkümmel
1 TL Senfpulver (ersatzweise Senf)
1 EL gehackter frischer Oregano oder 1 TL getrockneter
1/4 TL schwarzer Pfeffer
1/4 TL Cayennepfeffer
225 g Frühlingszwiebeln, gehackt
1 Stange Bleichsellerie, gehackt
1/2 grüne Paprikaschote, gehackt
3 EL gehackte frische Petersilie
575–675 g gegarter Reis als Beilage

≈ Die Bohnen wenigstens 4 Std. oder über Nacht in 4,5 l Wasser einweichen. Abgießen und abspülen. Mit 1,25 l Wasser in einem großen Topf zum Kochen bringen. Die Temperatur reduzieren und die Bohnen köcheln lassen, während das Gemüse zubereitet wird; zwischendurch den Schaum abschöpfen.

≈ In einer Bratpfanne Öl oder Fett erhitzen und 450 g Zwiebeln, 4 gehackte Bleichselleriestangen, die gehackten Paprikaschoten und 2 Knoblauchzehen in etwa 5 Min. weich garen. Am einfachsten läßt sich das Gemüse in zwei Partien garen, es sei denn, man benutzt eine sehr große Bratpfanne. Das Gemüse zusammen mit Tasso-Schinken, Andouille, Gewürzen und Kräutern zu den Bohnen geben und alles 1–1 1/2 Std. köcheln lassen, bis die Bohnen weich sind; zwischendurch von Zeit zu Zeit umrühren. Nach Bedarf weiteres Wasser angießen. Den Eintopf abschmecken.

≈ Unmittelbar vor dem Servieren die zusätzlichen Frühlingszwiebeln, Bleichsellerie- und Paprikastücke sowie die Petersilie unterrühren. Mit Reis servieren.

ROTE BOHNEN UND REIS MIT TASSO UND ANDOUILLE

ROTE BOHNEN UND REIS OHNE FLEISCH

ROTE BOHNEN
UND REIS OHNE FLEISCH

Dieses schmackhafte fleischlose Gericht wird mit Salsa und saurer Sahne serviert. Am Ende der Garzeit fügt man zusätzliches Gemüse hinzu.

FÜR 6–8 PERSONEN

450 g getrocknete Kidney-Bohnen, verlesen
3 EL Olivenöl
1 große Zwiebel, gehackt
4 Knoblauchzehen, feingehackt
2 Stangen Bleichsellerie, gehackt
1 Möhre, in kleine Stücke geschnitten
1 grüne Paprikaschote, Samen entfernt, gehackt
1 EL Salz
$1/4$ TL Cayennepfeffer
$1/4$ TL weißer Pfeffer
$1/4$ TL schwarzer Pfeffer
1 TL getrockneter Thymian
$1^1/2$ TL gemahlener Kreuzkümmel
1 TL Senfpulver (ersatzweise Senf)
1 Lorbeerblatt
175 ml pürierte Tomaten aus der Dose
120 ml trockener Rotwein
1 Spritzer Tabasco-Sauce
1 Stange Bleichsellerie, gehackt
$1/2$ grüne Paprikaschote, gehackt
4 Frühlingszwiebeln, gehackt
450–575 g gegarter Reis als Beilage
saure Sahne

SALSA

2 große Tomaten, entkernt und gehackt
4 Frühlingszwiebeln, gehackt
$1/2$ milde Chilischote wie Anaheim oder Poblano
1 EL gehackte frische Petersilie
1 EL Weißweinessig
1 EL Olivenöl
Tabasco-Sauce zum Abschmecken

≈ Die Bohnen wenigstens 4 Std. oder über Nacht in 4,5 l Wasser einweichen. Abgießen und abspülen. Dann mit 1,25 l Wasser in einem großen Topf zum Kochen bringen. Die Hitze reduzieren und die Bohnen köcheln lassen, während das Gemüse zubereitet wird; zwischendurch den Schaum abschöpfen.

≈ In einer Bratpfanne das Öl erhitzen. Zwiebeln, Knoblauch, 2 gehackte Bleichselleriestangen, Möhre und grüne Paprikaschote in etwa 5 Min. weich garen. Das Gemüse zusammen mit Kräutern und Gewürzen, pürierten Tomaten und Wein zu den Bohnen geben und alles unter gelegentlichem Rühren kochenlassen.

≈ Nach etwa 30 Min. einige Tropfen Tabasco hinzufügen und die Sauce abschmecken. Die Bohnen insgesamt etwa 1–1$1/2$ Std. köcheln lassen, bis sie weich sind.

≈ In der Zwischenzeit die Zutaten für die Salsa in einer Schüssel verrühren. Etwa 1 Std. durchziehen lassen, dann abschmecken und nach Belieben noch etwas Tabasco dazugeben.

≈ Unmittelbar vor dem Servieren die zusätzliche gehackte Bleichselleriestange, Paprikaschote und Frühlingszwiebeln zu den Bohnen geben. Die Bohnen auf Reis servieren und Salsa und saure Sahne dazu reichen.

ENTE MIT GARNELEN
UND FETTUCINE

Bei diesem Nudelgericht wird der Geschmack des Entenfleischs durch frische Kräuter und Garnelen abgerundet.

FÜR 6–8 PERSONEN

2 EL Olivenöl
4 Knoblauchzehen, feingehackt
100 g Zwiebeln, gehackt
1 kleine grüne Paprikaschote, gehackt
4 Tomaten, entkernt und in Würfel geschnitten
225 g Champignons, in Scheiben geschnitten
250 ml pürierte Tomaten aus der Dose
1 EL frisch gepreßter Zitronensaft
2 EL gehacktes frisches Basilikum
$1^1/2$ TL gehackter frischer Rosmarin
1 TL Paprika
$1/4$ TL schwarzer Pfeffer
1 TL Salz
$1/4$ TL Cayennepfeffer
350 ml Enten- oder Hühnerfond
450–675 g getrocknete Fettucine
475 g gegartes Entenfleisch, in Streifen oder mundgerechte Stücke geschnitten
225 g mittelgroße Garnelen, aus der Schale gelöst, Darm entfernt
6–8 Frühlingszwiebeln, gehackt
2 EL gehackte frische Petersilie
Parmesankäse

≈ In einem großen Topf bei mittlerer Temperatur das Öl erhitzen. Knoblauch, Zwiebeln und Paprikaschote in 5 Min. weich garen. Tomaten, Pilze, pürierte Tomaten, Zitronensaft, Kräuter, Gewürze und Fond dazugeben und alles 10 Min. kochen lassen.

≈ Während die Sauce köchelt, die Fettucine in einem großen Topf mit kochendem Wasser garen. Abgießen und ein wenig Olivenöl unterheben, damit die Nudeln nicht zusammenkleben.

≈ Das Entenfleisch zur Sauce geben und 5 Min. im offenen Topf mitkochen lassen. Die Garnelen hinzufügen und 2–3 Min. in der Sauce erhitzen, bis sie gar sind und sich fest zusammengerollt haben. Frühlingszwiebeln und Petersilie unterrühren. Die Sauce über die Nudeln schöpfen und mit Parmesankäse bestreuen.

PASTA-PARTY

★

Champignons mit Krebsfleischfüllung

★

Grüner Salat

★

Französisches Stangenweißbrot

★

Fettucine mit Kalbfleisch und Artischocken

★

Fettucine mit Garnelen und Andouille

★

Käsekuchen mit Krokant

FETTUCINE MIT KALBFLEISCH UND ARTISCHOCKEN

Wegen des besseren Aromas sollte man für dieses Rezept frische Artischocken nehmen und auch frische Kräuter verwenden, da getrocknete Kräuter bei der kurzen Garzeit hart bleiben würden. Die Nudelsauce ist sahnig und nicht allzu scharf.

FÜR 4 PERSONEN

350 g Kalbfleisch ohne Knochen, in 2,5 x 1 cm große Streifen geschnitten
1 TL Salz
1 gr. Msp. weißer Pfeffer
1 gr. Msp. Cayennepfeffer
1 gr. Msp. schwarzer Pfeffer
¼ TL Senfpulver (ersatzweise gemahlene Senfkörner)
20 g Mehl
3 EL Olivenöl
2 Knoblauchzehen, feingehackt
100 g frische Champignons, in Scheiben geschnitten
4 Frühlingszwiebeln, gehackt
1 EL gehacktes frisches Basilikum
1 EL gehackter frischer Oregano
2 TL frischer Thymian
350 ml Sahne
¼ TL Salz
2 Artischockenherzen, gegart und in Scheiben geschnitten
2 Frühlingszwiebeln, gehackt
100–225 g getrocknete Fettucine oder andere italienische Nudeln, gekocht

≈ In einer kleinen Schüssel, Salz, Pfeffer, Cayennepfeffer, Senfpulver und 2 EL Mehl vermischen. Das Kalbfleisch darin wenden, bis es vollständig mit dem gewürzten Mehl überzogen ist.

≈ In einer Bratpfanne bei mittlerer Temperatur das Olivenöl erhitzen. Das Kalbfleisch in etwa 6 Min. anbräunen. Das Fleisch aus der Pfanne nehmen und beiseite stellen.

≈ Bei Bedarf weitere 1–2 EL Olivenöl in die Bratpfanne geben. Knoblauch, Pilze, 4 Frühlingszwiebeln und die frischen Kräuter in etwa 5 Min. weich garen.

≈ In einer kleinen Schüssel oder einem Meßbecher 1 EL Mehl mit 2 EL Sahne glattrühren, dann die restliche Sahne unterrühren. Sahne, Salz und Kalbfleisch zum Gemüse in die Pfanne geben und die Zutaten gründlich verrühren. Die Sauce aufkochen lassen, dann abschmecken. Die in Scheiben geschnittenen Artischockenherzen und die verbliebenen Frühlingszwiebeln hinzufügen und in der Sauce heiß werden lassen. Zum Servieren über die Nudeln schöpfen.

FLUSSKREBSE UND TASSO IN SAHNESAUCE AUF FETTUCINE

Diese gehaltvolle und pikante Sahnesauce läßt sich schnell und einfach zubereiten. Die Flußkrebsschwänze können auch durch große Garnelen ersetzt werden.

FÜR 4–6 PERSONEN

75 g Butter
8–10 Frühlingszwiebeln, gehackt
3 Knoblauchzehen, feingehackt
120 ml trockener Weißwein
120 ml Fond von Meeresfrüchten (Rezept S. 17)
oder konservierte Muschelflüssigkeit
150 g Tasso-Schinken, in Würfel geschnitten
25 g Mehl
225 g gegarte ausgelöste Flußkrebsschwänze
475 ml Sahne
Salz zum Abschmecken
heiße gekochte Fettucine als Beilage

≈ In einer großen Bratpfanne die Butter zerlassen. Frühlingszwiebeln und Knoblauch etwa 2 Min. darin garen. Wein, 4 EL Meeresfrüchtefond und Tasso-Schinken dazugeben und aufkochen lassen. Die Temperatur reduzieren und alles etwa 10 Min. köcheln lassen.

≈ Das Mehl in den verbliebenen 4 EL Fond anrühren und dann die Sauce damit binden. Flußkrebsschwänze und Sahne unterrühren und das Ganze aufkochen lassen. Mit Salz abschmecken. Zum Servieren über die Fettucine schöpfen.

PASTA

ZU DEN EINWANDERERN, DIE IM 19. JAHRHUNDERT NACH LOUISIANA kamen, gehörten auch Italiener, von denen viele aus Sizilien stammten. Wie jede andere Gruppe von Siedlern oder Händlern übten auch die Italiener Einfluß auf die Küche von Louisiana aus. In diesem Kapitel sind vier typische Gerichte aufgeführt, bei denen Pasta mit Flußkrebsen, Andouille und anderen charakteristischen Zutaten der Louisiana-Küche zubereitet wird.

≈ Die Rezepte sehen Fettucine vor, doch lassen sich auch fast alle anderen Pasta-Sorten verwenden, wobei sich Bandnudeln jedoch am besten eignen. Die Gewichtsangaben beziehen sich auf getrocknete Nudeln, aber frische Pasta ist noch köstlicher. Da frische Nudeln mehr wiegen (rund 50 Prozent, obwohl dieser Wert stark variiert), muß man die in den Rezepten angegebene Menge entsprechend erhöhen, um die gleiche Menge an gekochten Nudeln zu erhalten. Und es macht Spaß, mit Pasta-Sorten in verschiedenen Farben und Geschmacksrichtungen zu experimentieren, die in Feinkostgeschäften erhältlich sind.

≈ Für 500 g Nudeln 2 l Wasser zum Kochen bringen. 1 EL Olivenöl, 1 EL Salz und 1 zerdrückte Knoblauchzehe hinzufügen und dann erst die Nudeln hinzufügen. Die Nudeln im offenen Topf kochen, bis der gewünschte Gargrad erreicht ist; dazu mehrmals eine Bißprobe machen.

≈ Die Nudeln in ein Sieb gießen, aber nicht abspülen. Damit sie nicht zusammenkleben, etwas Olivenöl unterheben. Die Nudeln, wenn nötig, über siedendem Wasser warm halten.

OBEN Im matten Licht der untergehenden Sonne ragt eine einsame Zypresse aus dem Lake Palourde.

RECHTS In New Orleans liebt man Paraden und Feste. Das größte ist Mardi Gras – ein fröhliches, ausgelassenes Festival, das Besucher aus der ganzen Welt in die Stadt zieht, um den letzten Tag vor der Fastenzeit, Fat Tuesday, zu feiern.

FETTUCINE MIT GARNELEN UND ANDOUILLE

Dieses Gericht ist nicht allzu scharf, und da der pfeffrige Geschmack hauptsächlich von der Wurst stammt, muß die Sauce unbedingt abgeschmeckt und nötigenfalls nachgewürzt werden. Zur schnellen Zubereitung wird für das Rezept eine Mischung aus frischen Tomaten und pürierten Tomaten aus der Dose verwendet. Wer genügend Zeit hat, kann die Tomatensauce selbstverständlich auch aus frischen Tomaten kochen.

FÜR 4 PERSONEN

2 EL Olivenöl
2 Tomaten, entkernt und gehackt
225 g Zwiebeln, gehackt
1 Stange Bleichsellerie, gehackt
1/2 grüne Paprikaschote, gehackt
1 EL gehackte frische Jalapeño-Chilischote
2 Knoblauchzehen, feingehackt
250 ml pürierte Tomaten aus der Dose
120 ml Fond von Meeresfrüchten (Rezept S. 17)
3/4 TL Salz
1/4 TL schwarzer Pfeffer
1 EL gehacktes frisches Basilikum
225 g Andouille, in Scheiben geschnitten
Cayennepfeffer (nach Belieben)
225 g mittelgroße Garnelen, aus der Schale gelöst, Darm entfernt
225–350 g getrocknete Fettucine oder andere italienische Nudeln

≈ In einem großen Topf oder einer hohen Pfanne das Olivenöl erhitzen. Tomaten, Zwiebeln, Bleichsellerie, grüne Paprika, Jalapeño-Chili und Knoblauch in etwa 5 Min. weich garen. Pürierte Tomaten, Fond, Salz, Pfeffer, Basilikum und Wurst dazugeben und alles 10–15 Min. zu einer dicken Sauce einkochen. Die Sauce abschmecken und nach Belieben mit Cayennepfeffer würzen, bis die gewünschte Schärfe erreicht ist.

≈ Während die Sauce köchelt, die Fettucine in einem großen Topf mit kochendem Wasser garen. Abgießen und etwas Olivenöl unterheben, damit die Nudeln nicht aneinanderkleben.

≈ Die Garnelen 2–3 Min. in der Sauce erhitzen, bis sie durch sind und sich fest zusammengerollt haben. Zum Servieren die Sauce über die Fettucine schöpfen.

GEMÜSE

MAISGEMÜSE

Von diesem scharfen Maisgericht, das auf dem Herd oder im Backofen zubereitet werden kann, gibt es zahlreiche Varianten. Am besten nimmt man frischen Mais und schneidet die Körner selbst von den Kolben. Sind frische Maiskolben nicht erhältlich, kann man auch tiefgefrorene Maiskörner verwenden.

FÜR 3–4 PERSONEN

25 g Butter
2 EL Pflanzenöl
225 g Maiskörner (4–6 frische Kolben)
½ Zwiebel, gehackt
1 Knoblauchzehe, feingehackt
50 g Frühlingszwiebeln, gehackt
1 EL Zucker
¼ TL schwarzer Pfeffer
½ TL Salz
¼ TL Cayennepfeffer
120 ml Geflügelfond (Rezept S. 16) oder konservierte Hühnerbrühe
1 EL Butter
1 Ei, leicht verquirlt
120 ml Milch

≈ In einer Bratpfanne bei mittlerer Temperatur 1 EL Butter und das Öl erhitzen. Maiskörner, Zwiebeln, Knoblauch und grünen Paprika etwa 5 Min. garen, bis die Zwiebeln weich und glasig sind. Die Gewürze und den Fond unterrühren. Auf sehr schwache Hitze reduzieren und alles unter häufigem Rühren köcheln lassen, bis die Flüssigkeit weitgehend verkocht ist. 1 EL Butter dazugeben und umrühren, bis sie geschmolzen ist.

≈ In einer kleinen Schüssel das Ei mit der Milch verquirlen. Zum Mais geben und unter Rühren erhitzen.

ARTISCHOCKEN MIT GARNELENFÜLLUNG

Kleine Garnelen und Greyerzer Käse sind eine köstliche Füllung für Artischocken. Man serviert sie als Vorspeise oder schöpft die Füllung über geröstete englische Muffin-Brötchen.

FÜR 6 PERSONEN ALS VORSPEISE ODER FÜR 3 PERSONEN ALS LEICHTES MITTAGESSEN

25 g Butter
85 g Champignons, in Scheiben geschnitten
1 Knoblauchzehe, feingehackt
20 g Mehl
250 ml Fond von Meeresfrüchten (Rezept S. 17)
4 EL trockener Weißwein
1 Prise Salz
1 Msp. schwarzer Pfeffer
1 Msp. Cayennepfeffer
2 EL gehacktes frisches Basilikum oder ¹/₂ TL getrocknetes
225 g kleine Garnelen, gegart und aus der Schale gelöst
50 g geriebener Greyerzer Käse
3 Frühlingszwiebeln, gehackt
6 Artischockenherzen, gegart und geputzt
6 EL geriebener Greyerzer Käse

OFENTEMPERATUR: 180°C

≈ In einer Bratpfanne mittlerer Größe die Butter zerlassen. Champignons und Knoblauch 7–8 Min. darin garen.

≈ Das Mehl in 4 EL Fond anrühren. Den restlichen Fond unterrühren und dann zu den Pilzen geben. Wein, Gewürze und Kräuter hinzufügen und garen, bis die Sauce eindickt. Garnelen, Käse und Frühlingszwiebeln unterrühren und bei niedriger Temperatur 2–3 Min. erhitzen, bis der Käse zerlaufen ist.

≈ Die Garnelenfüllung auf den Artischockenherzen verteilen und mit je 1 EL Käse bestreuen. Die Artischocken in eine ofenfeste Form setzen und etwa 10 Min. bei 180°C im Ofen überbacken, bis der Käse zerlaufen ist. Heiß servieren.

ABWANDLUNGEN:

≈ Werden für die Artischockenherzen ganze Artischocken gekocht, kann man die weichen Teile der Stengel und das am Blattursprung sitzende Fleisch von drei Artischocken zusammen mit den Garnelen zur Füllung geben. Eine weitere Möglichkeit ist es, 4 ganze Artischocken, bei denen man das Heu entfernt hat, zu füllen und sie mit einer Dip-Sauce für die Blätter zu reichen.

RECHTS Der Entdecker Jean Baptiste Le Moyne, Sieur de Bienville, hatte die Vision, im Sumpfland von Louisiana ein zweites Paris entstehen zu lassen. Als er New Orleans 1718 gründete, bildete dieser Platz am Flußufer das Zentrum der Stadt. Heute liegt der Jackson Square inmitten des lebhaften Vieux Carré – dem französischen Viertel.

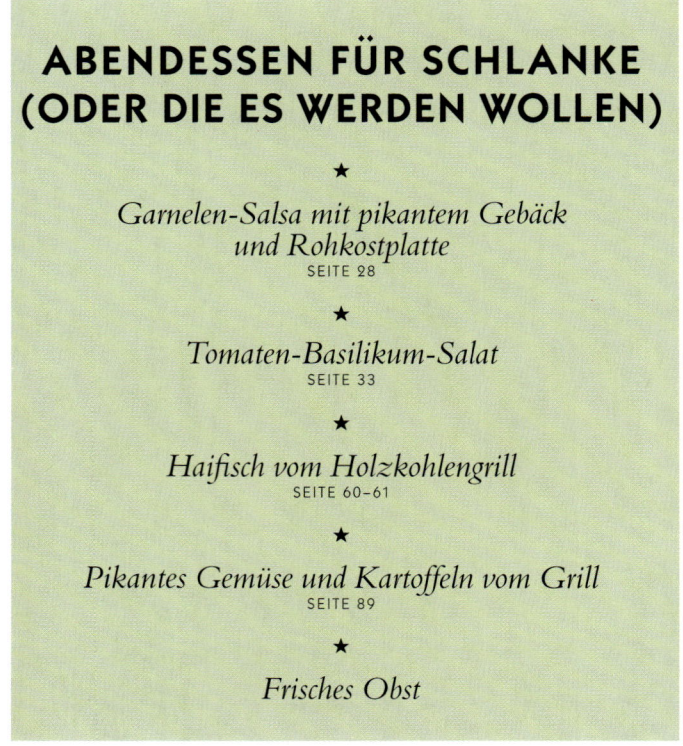

ABENDESSEN FÜR SCHLANKE (ODER DIE ES WERDEN WOLLEN)

★

Garnelen-Salsa mit pikantem Gebäck und Rohkostplatte
SEITE 28

★

Tomaten-Basilikum-Salat
SEITE 33

★

Haifisch vom Holzkohlengrill
SEITE 60–61

★

Pikantes Gemüse und Kartoffeln vom Grill
SEITE 89

★

Frisches Obst

PIKANTES GEMÜSE UND KARTOFFELN VOM GRILL

Dieses Gemüse ist eine einfache Beilage zu gegrilltem Fleisch oder Fisch. Es wird an den Rand des Grillrosts gelegt und fast ohne Fett gegart.

in Scheiben geschnittenes Gemüse
Olivenöl
Paprika und Kreuzkümmel oder andere Gewürze
Salz

≈ Rote Kartoffeln, Zucchini oder Auberginen in Scheiben von etwa $1/2$ cm Dicke (oder etwas mehr) schneiden. Besonders ansprechend sieht es aus, wenn Gemüse und Kartoffeln schräg in Scheiben geschnitten werden. Markkürbisse und andere Kürbisgewächse längs halbieren.

≈ Die Schnittflächen dünn mit Olivenöl bestreichen und mit Gewürzen eigener Wahl bestreuen – Paprika und Kreuzkümmel sind für dieses Rezept gut geeignet, getrocknete Kräuter dagegen nicht. Die Kartoffeln nach Belieben mit etwas Salz bestreuen.

≈ Wenn die Holzkohlen durchgeglüht sind, das Gemüse auf den Grillrost legen. Markkürbis und Zucchini etwa 5 Min., Auberginen 1–2 Min. länger und Kartoffeln etwa 10 Min. grillen; die Scheiben zwischendurch einmal wenden. Wenn das Gemüse in der Mitte und nicht am Rand des Rosts liegt, sind die Garzeiten etwas kürzer.

BLATTGEMÜSE UND TASSO

BLATTGEMÜSE UND TASSO

Blattgemüse mit Schweinefleisch ist ein traditionelles Gericht der Südstaatenküche. Für diese Version aus Louisiana wird Tasso-Schinken verwendet. Geeignetes Blattgemüse ist Mangold, Wildkohl, Grünkohl, Blattsenf oder Rübstiel in beliebiger Zusammenstellung. Die Menge nicht zu knapp bemessen, da das Blattgemüse beim Garen stark zusammenfällt.

FÜR 4 PERSONEN

2 Bund Blattgemüse
$^1/_2$ Zwiebel, gehackt
75 g Tasso-Schinken, in Stücke geschnitten

≈ Das Blattgemüse gründlich waschen, um Sand und Erde zu entfernen. Die Blätter in Stücke zupfen, die Blattstiele hacken.

≈ Das Gemüse mit Zwiebel, Tasso-Schinken und 250 ml Wasser in einen Topf geben und zum Kochen bringen. Bei geschlossenem Topf bei niedriger Temperatur etwa 40 Min. garen, bis die Stiele weich sind; zwischendurch von Zeit zu Zeit umrühren. Abgießen und servieren.

PFEFFER-KARTOFFELN

Diese gegrillten Kartoffelscheiben sind eine schmackhafte Beilage und erfordern erheblich weniger Arbeit (und Öl) als Pommes frites. Aber Vorsicht: Sie sind sehr pfeffrig!

FÜR 4 PERSONEN

450 g rote Kartoffeln, ungeschält, in $^1/_2$ cm dicke Scheiben geschnitten
Olivenöl
2 TL Salz
1 TL weißer Pfeffer
$^1/_2$ TL schwarzer Pfeffer
$^1/_2$ TL Cayennepfeffer

≈ Die Kartoffelscheiben auf beiden Seiten dünn mit Olivenöl bestreichen. Die Gewürze in einer kleinen Schüssel vermischen und die Kartoffeln damit bestreuen.

≈ Die gewürzten Kartoffeln 3–4 Min. im Küchengrill oder auf dem Holzkohlengrill garen. Dann wenden und auf der zweiten Seite ebenfalls 3–4 Min. grillen.

SCHARFE GRÜNE BOHNEN

Diese Bohnen sollte man schon am Vormittag zubereiten, damit sie bis zum Abendessen gut durchgezogen sind. Sie sind ein einfaches, praktisches Gericht für ein Picknick oder eine Party.

FÜR 3–4 PERSONEN

450 g frische grüne Bohnen, geputzt
2 EL Pflanzenöl
2 EL Weißweinessig
1 EL frisch gepreßter Zitronensaft
1 TL kreolischer Senf
1 Knoblauchzehe, feingehackt
1 Frühlingszwiebel, feingehackt
1 TL zerstoßene getrocknete rote Chilischoten
¹/₄ TL Salz

≈ Die grünen Bohnen in 3–4 Min. in kochendem Wasser weich garen. Abgießen, in kaltem Wasser abschrecken und anschließend gut abtropfen lassen.

≈ In einer Glasschüssel oder einem anderen säurebeständigen Gefäß alle übrigen Zutaten verrühren. Die Bohnen dazugeben und gründlich durchheben, damit sie von der Marinade überzogen werden. Für mindestens 3 Std. in den Kühlschrank stellen. Kalt servieren.

FRITIERTE AUBERGINEN

Diese scharfen knusprigen Auberginen sind eine schmackhafte Beilage, eignen sich aber auch gut als Vorspeise für jene Art von Abendessen, bei denen sich die Gäste in der Küche versammeln.

FÜR 5–6 PERSONEN

50 g frisch geriebener Parmesankäse
75 g Maismehl
1 TL Cayennepfeffer
1 TL Zwiebelpulver
1 TL Selleriesalz
1/2 TL Salz
1/2 TL Knoblauchpulver
2 Eier, leicht verquirlt
120 ml Milch
1 Spritzer Tabasco-Sauce
1 große Aubergine, in 1/2 cm dicke Scheiben geschnitten
Pflanzenöl zum Fritieren

≈ In einer Schüssel Käse, Maismehl und Gewürze vermischen. In einer zweiten Schüssel Eier, Milch und Tabasco verrühren.

≈ Die Auberginenscheiben nacheinander in der Maismehlmischung, der Eimischung und nochmals im gewürzten Maismehl wenden.

≈ In eine hohe Bratpfanne oder einen Wok 5–7,5 cm hoch Öl gießen und das Öl auf 180°C erhitzen. Mit einer Küchenzange 3–5 Auberginenscheiben in das heiße Öl legen und etwa 2 Min. von jeder Seite goldbraun fritieren. Kurz auf Küchenkrepp abtropfen lassen und im Backofen warm halten, während die restlichen Auberginen fritiert werden. Das Öl vor jeder Partie wieder auf 180°C erhitzen.

KARTOFFEL-GRATIN MIT TASSO-SCHINKEN

Tasso-Schinken und Frühlingszwiebeln verleihen dieser Abwandlung eines klassischen französischen Gerichts den typischen Geschmack der Cajun-Küche Louisianas. Wird anderer Schinken verwendet, muß das Gratin zum Ausgleich stärker gewürzt werden. Das Gratin kann im voraus zubereitet, in den Kühlschrank gestellt und, unmittelbar bevor es in den Ofen kommt, mit der Sahne übergossen werden.

FÜR 6–8 PERSONEN

1,25–1,5 kg rote Kartoffeln
25 g Butter oder Pflanzenöl
1 Zwiebel, in feine Streifen geschnitten
150 g Tasso-Schinken, in Würfel geschnitten
8–10 Frühlingszwiebeln, gehackt
100 g Cheddar-Käse, gerieben
100 g Greyerzer Käse, gerieben
250–350 ml Crème double
1 TL Paprika
1 TL Senfpulver (ersatzweise Senf)
1/2 TL Salz
1/4 TL schwarzer Pfeffer

OFENTEMPERATUR: 220°C

≈ Die ungeschälten Kartoffen in dünne Scheiben schneiden und in eine Schüssel mit kaltem Wasser legen.

≈ In einer kleinen Bratpfanne die Butter oder das Öl erhitzen. Die Zwiebeln in 8–10 Min. anbräunen.

≈ Die Kartoffeln abgießen und mit Küchenkrepp trockentupfen.

≈ Eine ungefettete Auflaufform von mindestens 23 cm Seitenlänge bereitstellen. Lagenweise Kartoffeln, sautierte Zwiebeln, Tasso-Schinken, Frühlingszwiebeln und Käse schichtweise hineingeben, bis alle Zutaten aufgebraucht sind. Zum Schluß Käse darüberstreuen.

≈ In einem kleinen Topf die Sahne mit den Gewürzen verrühren und bis kurz vor den Siedepunkt erhitzen. Die Kartoffeln damit übergießen, so daß 1/2–1 cm hoch Flüssigkeit in der Auflaufform steht. Das Gratin bei 220°C etwa 45 Min. im Backofen garen, bis die Kartoffeln weich sind und die Sahne weitgehend aufgenommen haben; die Oberfläche zwischendurch ein- oder zweimal mit etwas Garflüssigkeit begießen.

BEILAGEN

MAISMEHLKRAPFEN

Diese Krapfen werden traditionell zu »Fritiertem Wels« (Rezept S. 59) gereicht, passen aber auch gut als Beilage zu anderen Gerichten, wie etwa »Haifisch vom Holzkohlengrill« (Rezept S. 60f) oder Brathähnchen. Krapfen und Fisch können im selben Öl fritiert werden, doch sollte man zuerst die Krapfen fritieren und sie dann im Backofen warm halten.

ERGIBT ETWA 20 STÜCK

175 g Maismehl
50 g Maisstärke
1 EL Backpulver
¹/₂ TL Salz
¹/₂ TL Knoblauchpulver
¹/₄ TL Cayennepfeffer
1 Ei, leicht verquirlt
250 ml Milch
25 g Butter
2–3 Frühlingszwiebeln, feingehackt
Pflanzenöl zum Fritieren

≈ Die trockenen Zutaten vermischen und dann das Ei unterrühren.

≈ In einem mittelgroßen Topf die Milch mit der Butter zum Kochen bringen. Die Maismehlmischung einrühren, so daß eine glatte Masse entsteht. Dann die Frühlingszwiebeln hinzufügen, den Topf von der Kochstelle nehmen und etwas abkühlen lassen. Aus der Masse kleine Bällchen formen.

≈ In eine hohe Bratpfanne oder einen Wok 7,5–10 cm hoch Öl gießen und das Öl auf 180°C erhitzen. Die Maismehlkrapfen partienweise in das heiße Öl gleiten lassen und auf jeder Seite in etwa 3 Min. goldbraun fritieren. Aus dem Öl nehmen und im Backofen warm halten, während die übrigen Krapfen fritiert werden. Das Öl vor jeder Partie wieder auf 180°C erhitzen.

MAISBROT

MAISBROT

Dieses kompakte feuchte Maisbrot eignet sich ideal für Füllungen, wie man sie etwa für eine Flußkrebs-Bisque (Rezept S. 43ff) benötigt. Maisbrot nach diesem Grundrezept läßt sich aber auch mit geriebenem Käse, Chillies oder Maiskörnern verfeinern.

ERGIBT 9 QUADRATISCHE STÜCKE

40 g Weizenmehl
175 g Maismehl
³/₄ TL Salz
1 TL Zucker
1 EL Backpulver
2 Eier, leicht verquirlt
250 ml Milch
4 EL zerlassene Butter

OFENTEMPERATUR: 200°C

≈ Eine quadratische ofenfeste Form von 20 cm Größe dünn mit Butter einfetten.

≈ In einer mittelgroßen Schüssel alle trockenen Zutaten vermischen. In einer kleinen Schüssel Eier, Milch und zerlassene Butter verrühren. Zur Mehlmischung geben und alles mit der Hand zu einem glatten Teig verarbeiten.

≈ Den Teig in die Form füllen und 18–22 Min. bei 200°C backen, bis an einem in der Mitte hineingestochenen Messer kein Teig haften bleibt. In neun quadratische Stücke schneiden.

AUSTERNFÜLLUNG

Man sollte nach Möglichkeit einige zusätzliche Hühnerherzen und -mägen verwenden, damit diese Füllung ein intensives Aroma bekommt. Man nimmt sie als Füllung für Geflügel oder reicht sie als Beilage.

FÜR 6–8 PERSONEN ALS BEILAGE

Herz und Magen des zu füllenden Geflügels
75 g Butter
350 g Zwiebeln, gehackt
2 Stangen Bleichsellerie, gehackt
4 EL gehackte frische Petersilie
1 EL gehackter frischer Estragon oder 1TL getrockneter
1 TL Salz
½ TL schwarzer Pfeffer
175 g altbackenes Brot (französisches, italienisches oder Sauerteigbrot), gewürfelt
450 ml Austern, aus der Schale genommen, abgetropft und mundgerecht geschnitten
1 Ei, leicht verquirlt

OFENTEMPERATUR: 180°C

≈ Das Geflügelklein in einem Topf mit Wasser bedecken und 1 Std. köcheln lassen. Beiseite stellen und die Garflüssigkeit aufbewahren, um das Brot evtl anzufeuchten.

≈ In einer Bratpfanne bei mittlerer Hitze die Butter zerlassen. Zwiebeln und Bleichsellerie in etwa 5 Min. weich garen. Kräuter, Salz und Pfeffer hinzufügen und die Pfanne von der Kochstelle nehmen. Geflügelherzen und -mägen in kleine Stücke hacken und unterheben.

≈ Die Brotwürfel in einen gefetteten ofenfesten Keramiktopf von 1 l Fassungsvermögen geben. Gemüsemischung, Austern und verquirltes Ei hinzufügen; das Brot soll gut angefeuchtet, aber nicht breiig sein. Reicht die vorhandene Flüssigkeit nicht aus, die Austernflüssigkeit, etwas Garflüssigkeit vom Geflügelklein oder Milch hinzufügen.

≈ Die Austernfüllung bei 180°C bei geschlossenem Topf 25 Min. im Backofen garen. Dann den Deckel abnehmen und noch 5 Min. weitergaren.

FLUSSKREBS-MAISBROT-FÜLLUNG AUS DEM BACKOFEN

Mit ihren unterschiedlichen Aromen und Texturen ergänzen sich die Flußkrebsschwänze, gegarten Champignons und gerösteten Pekannüsse bei diesem Gericht ausgezeichnet. Man kann die Füllung als Beilage zu gebratener Ente oder anderem Geflügel reichen.

FÜR 6–8 PERSONEN

100 g Pekannußhälften
25 g Butter
225 g Zwiebeln, gehackt
2 Stangen Bleichsellerie, gehackt
1 mittelgroße grüne Paprikaschote, gehackt
225 g Champignons, in Scheiben geschnitten
2 EL gehackte frische Petersilie
6 ausgelöste Flußkrebsschwänze, jeweils in 2 oder 3 Stücke geschnitten
1 TL Salz
1 TL getrockneter Thymian
½ TL weißer Pfeffer
½ TL Senfpulver (ersatzweise Senf)
¼ TL Cayennepfeffer
¼ TL schwarzer Pfeffer
170 g Maisbrot (Rezept links), zerkrümelt
250–370 ml Fond von Meeresfrüchten (Rezept S. 17)

OFENTEMPERATUR: 180°C

≈ Die Pekannüsse zum Rösten auf einem Backblech verteilen. Bei 180°C für 10–15 Min. im Ofen leicht anrösten. Die Nüsse beiseite stellen.

≈ In einer mittelgroßen Bratpfanne die Butter zerlassen. Gemüse und Petersilie in etwa 5 Min. weich garen. Flußkrebsschwänze, Pekannüsse, Thymian und Gewürze unterrühren.

≈ Eine ofenfeste Form von 1 l Fassungsvermögen leicht mit Butter einfetten. Zerkrümeltes Maisbrot, Gemüse-Flußkrebs-Mischung und soviel Fond vermengen, daß die Masse feucht, aber nicht breiig ist. In die Form füllen und glattstreichen. Bei 180°C für 20 Min. im Ofen garen.

TASSO-SCHINKEN-PLÄTZCHEN

Diese Cajun-Version von Buttermilchplätzchen serviert man direkt aus dem Ofen mit Butter. Oder man bestreicht sie mit Senf und belegt sie mit Schinken.

ERGIBT 16–20 PLÄTZCHEN

225 g Mehl
1 EL Backpulver
1 TL Senfpulver (ersatzweise Senf)
¹/₂ TL Natron
2 TL Zucker
¹/₂ TL Salz
50 g Tasso, feingehackt
3 EL feingehackte Frühlingszwiebeln
3 EL Butter
3 EL Schweineschmalz
175 ml Buttermilch
Crème double

OFENTEMPERATUR: 200°C

≈ In einer großen Schüssel die trockenen Zutaten, den Schinken und die Zwiebeln vermischen. Mit zwei großen Messern die Butter und das Schweineschmalz unter das Mehl hacken, bis feine Streusel entstehen. Die Buttermilch einarbeiten.

≈ Den Teig 1 cm dick ausrollen und 5 cm große runde Plätzchen ausstechen. Die Plätzchen auf ein ungefettetes Backblech legen und mit Sahne bestreichen. Etwa 20 Min. bei 200°C backen, bis die Plätzchen aufgegangen und leicht gebräunt sind.

GEMÜSEREIS MIT MANDELN

Neben Zwiebeln, Paprika und Bleichsellerie – dem typischen Gemüsetrio der Cajun-Küche – enthält diese Louisiana-Version eines Reis-Pilaw auch Mandeln.

FÜR 8 PERSONEN ALS BEILAGE

25 g Butter oder Olivenöl
1 Stange Bleichsellerie, gehackt
1 kleine grüne Paprikaschote, gehackt
100 g Zwiebeln, gehackt
2 Knoblauchzehen, feingehackt
75 g Mandelstifte oder Mandelblättchen
1 TL Worcestershire-Sauce
1¹/₂ TL Salz
¹/₄ TL schwarzer Pfeffer
1 Tomate, entkernt und gehackt
4–5 Frühlingszwiebeln, gehackt
2 EL gehackte frische Petersilie
225 g weißer Reis

≈ In einer Bratpfanne mittlerer Größe die Butter oder das Olivenöl erhitzen. Das zerkleinerte Gemüse in etwa 5 Min. weich garen. Das Gemüse aus der Pfanne nehmen und beiseite stellen. Bei Bedarf einen weiteren Eßlöffel Öl in die Pfanne geben und die Mandeln unter häufigem Rühren anbräunen. Die Worcestershire-Sauce hinzufügen und die Mandeln von der Kochstelle nehmen.

≈ In einem großen Topf 900 ml Wasser zum Kochen bringen. Salz, Pfeffer, gehackte Tomate, Frühlingszwiebeln, Petersilie, sautiertes Gemüse und Mandeln hinzufügen und alles zum Kochen bringen. Den Reis dazugeben, gut umrühren und die Temperatur auf niedrigste Stufe herunterschalten. Den Reis 20–25 Min. bei geschlossenem Topf garen, bis er das Wasser aufgenommen hat und weich ist. Damit der Reis nicht anbrennt, den Herd während der letzten Minuten ausschalten und den Reis im eigenen Dampf garziehen lassen.

SÜSSPEISEN UND DESSERTS

★

FLAMBIERTE BANANEN AUF VANILLE-EISCREME

Diese klassische Nachspeise aus New Orleans hat eine karibische Note und läßt sich schnell und einfach zubereiten. Wird das Rezept verdoppelt, eine große Bratpfanne benutzen, damit alle Bananen auf einmal flambiert werden können; flambiert man sie in zwei Partien, brennt der Schnaps beim zweiten Mal nur schlecht. Zur eigenen Sicherheit sollte man ein langes Kaminstreichholz und einen langstieligen Löffel benutzen.

FÜR 2 PERSONEN

40 g Butter
40 g brauner Zucker
1/2 TL Zimt
2 Bananen, geschält, halbiert und längs in Scheiben geschnitten
3 EL Weinbrand
3 EL Bananenlikör
Vanille-Eiscreme zum Servieren

≈ Die Eiscreme bereits vor dem Zubereiten der Bananen auf Tellern oder in Schälchen anrichten.

≈ In einer Bratpfanne die Butter zerlassen. Braunen Zucker und Zimt einrühren. Dann die Bananen hinzufügen und etwa 1 1/2 Min. sautieren. Den Weinbrand angießen und leicht anwärmen – ist er zu kalt, brennt er nicht, erhitzt man ihn zu lange, verdampft der Alkohol. Den Weinbrand mit einem langen Streichholz entzünden und den brennenden Sirup mit einem langstieligen Löffel über die Bananen gießen, bis die Flammen verlöschen.

≈ Die Bananen auf der Eiscreme anrichten und etwas Sirup darüberschöpfen. Sofort servieren.

NUSSKONFEKT

NUSSKONFEKT

Dieses Nußkonfekt mit Butter und Sahne ist eine Spezialität aus New Orleans. Im Gegensatz zu anderem Konfekt, bei dem die Nüsse erst am Schluß dazugegeben werden, läßt man die Pekannüsse hier in der heißen Zuckermischung kochen, damit sie das Aroma der Nüsse annimmt. Das Konfekt hält sich allerdings nicht lange.

ERGIBT ETWA 24 STÜCK

225 g Butter
450 g Zucker
225 g heller brauner Zucker
120 ml Crème double
250 ml Milch
150 g Pekannüsse, grobgehackt
225 g Pekannußhälften
2 EL Golden Syrup (heller Zuckerrohrsirup)
2 EL naturreine Vanille-Essenz

≈ Zwei große Backbleche dünn mit Butter einfetten oder mit gebuttertem Pergamentpapier oder Alufolie auslegen. Ein Zuckerthermometer bereitlegen.

≈ In einem großen schweren Topf bei niedriger Temperatur die Butter zerlassen. Sobald sie flüssig ist, den Zucker und die Sahne einrühren. Wenn sich der Zucker aufgelöst hat, die Milch und die gehackten Pekannüsse hinzufügen und alles unter Rühren einige Min. erhitzen, bis die Mischung glatt ist. Dann Pekannußhälften, Zuckerrohrsirup und Vanille-Essenz unterrühren.

≈ Bei mittlerer Temperatur unter ständigem Rühren köcheln lassen, bis das Zuckerthermometer 115°C anzeigt.

≈ Die Nußmischung rasch mit dem Löffel auf die Backbleche setzen; sie ist flüssig, läuft aber nicht auseinander. Das abgekühlte Konfekt von den Blechen nehmen und einzeln in Alu- oder Klarsichtfolie wickeln. In einem luftdicht verschlossenen Behälter aufbewahren.

BROTAUFLAUF MIT ÄPFELN

BROTAUFLAUF MIT ÄPFELN

Dieses Rezept mit Äpfeln ist eine Abwandlung des traditionellen Brotauflaufs mit Pekannüssen und Rosinen und wird mit einer köstlichen heißen Zimtsauce serviert.

FÜR 8 PERSONEN

2 säuerliche Äpfel, geschält, Kerngehäuse entfernt, in 12–14 Schnitze geschnitten
25 g Butter
2 EL brauner Zucker
1/2 TL Zimt
120 ml Milch
3 Eier
75 g heller brauner Zucker
75 g weißer Zucker
1 TL naturreine Vanille-Essenz
1/2 TL geriebene Muskatnuß
1 TL Zimt
475 ml Milch
450 g trockene Brotwürfel (französisches, italienisches oder Sauerteigbrot)
gesüßte Schlagsahne zum Servieren

HEISSE ZIMTSAUCE

50 g Butter
225 g brauner Zucker
1 TL Zimt
250 ml Sahne, leicht erhitzt
2 EL Rum oder 2 TL Rumaroma

OFENTEMPERATUR: 150°C UND 220°C

≈ In einer Bratpfanne bei mittlerer Temperatur die Butter zerlassen und die Apfelstücke 5 Min. darin garen. 2 EL braunen Zucker, 1/2 TL Zimt und 120 ml Milch hinzufügen und die Äpfel 10–15 Min. köcheln lassen, bis sie gerade weich sind. Beiseite stellen.

≈ In einer großen Schüssel die Eier etwa 2 Min. schaumig schlagen. Den Zucker unterrühren; darauf achten, daß der braune Zucker keine Klümpchen bildet. Vanille-Essenz, Muskat, verbliebenen Zimt und restliche Milch hinzufügen und alles gut verrühren. Die Brotwürfel und Äpfel unterheben. Das Ganze etwa 45 Min. stehenlassen, bis das Brot die Flüssigkeit vollständig aufgenommen hat.

≈ Eine 23 cm große viereckige Backform einfetten. Die Brotmischung in die Form füllen und bei 150°C 35 Min. backen. Dann die Temperatur auf 220°C erhöhen und den Auflauf weitere 10 Min. backen, bis die Oberfläche knusprig geworden ist.

≈ Für die Sauce in einem kleinen Topf die Butter zerlassen. Zucker und Zimt hinzufügen und rühren, bis sich der Zucker aufgelöst hat. Sahne und Rum einrühren und die Sauce bis kurz vor den Siedepunkt erhitzen.

≈ Den Auflauf in 8 Stücke schneiden. Etwas heiße Zimtsauce auf jeden Teller schöpfen und ein Stück Brotauflauf darauf servieren.

GRUNDREZEPT MÜRBETEIG

Dieses Rezept reicht für einen Teigboden von 20 cm Durchmesser. Bei einigen Rezepten, wie etwa Batatenkuchen mit Pekannüssen (S. 105), muß der Boden etwa 5 Min. vorgebacken werden, bevor man die Füllung daraufgibt, damit der Teig nicht durchweicht.

100 g Mehl
1 Prise Salz
40 g kalte Butter
40 g kaltes Schweineschmalz
1 EL Zucker
2–3 EL Eiswasser

OFENTEMPERATUR: 200°C

≈ In einer Schüssel Mehl, Salz, Butter und Schweineschmalz vermischen. Das Fett mit zwei Messern unter das Mehl hacken, bis grobe Streusel entstehen und noch einige erbsengroße Stücke Fett zu sehen sind. Eßlöffelweise das Eiswasser darüberträufeln und den Teig mit den Händen durchkneten, bis er zusammenhält. Der Teig läßt sich auch in der Küchenmaschine herstellen, darf dann jedoch nicht zu lange durchgeknetet werden, da er sonst zäh wird. Die letzten 1–2 EL Eiswasser mit den Händen unterarbeiten, um zu fühlen, wann der Teig die richtige Konsistenz hat.

≈ In Klarsichtfolie wickeln und für wenigstens 1 Std. in den Kühlschrank legen. Den Teig 1 Std. bevor er ausgerollt werden soll, aus dem Kühlschrank nehmen. (Durch das Kaltstellen läßt er sich leichter verarbeiten.)

≈ Den Teig auf der leicht bemehlten Arbeitsfläche zu einer runden Teigplatte von etwa 25 cm Durchmesser ausrollen. Dann über Kreuz zusammenfalten, in eine 20 cm große Obstkuchenform legen, in der Form auseinanderfalten und die Form mit dem Teig auskleiden. Überstehenden Teig abtrennen.

≈ Bei 200°C etwa 5 Min. vorbacken oder in etwa 12 Min. im Ofen leicht braun backen.

SCHOKOLADENKUCHEN MIT PEKANNÜSSEN

Dieser Schokoladenkuchen wird mit gesüßter Schlagsahne gereicht. Da er recht gehaltvoll ist, können die Stücke verhältnismäßig klein sein.

FÜR 6–8 PERSONEN

100 g Halbbitter-Schokolade
50 g Butter
65 ml Crème double
120 ml Golden Syrup (heller Zuckerrohrsirup)
3 EL Bourbon
2 Eier, getrennt
100 g Zucker
225 g Pekannußhälften
ungebackener Mürbeteigboden von 20 cm Ø (siehe Grundrezept Mürbeteig)

OFENTEMPERATUR: 180°C

≈ Die Schokolade zusammen mit der Butter und der Sahne im Wasserbad erhitzen, bis sie schmilzt. Die Schokoladensauce glattrühren. Dann beiseite stellen und etwa 10 Min. abkühlen lassen.

≈ In der Zwischenzeit Zuckerrohrsirup und Bourbon mit den Eigelb verrühren. Nach und nach etwa ein Drittel der Schokoladensauce unter die Eigelbmischung rühren und diese dann unter die verbliebene Schokoladensauce schlagen. Beiseite stellen.

≈ Das Eiweiß steif schlagen; dabei den Zucker in kleinen Portionen hinzufügen. Den Eischnee unter die Schokoladenmasse heben, bis keine weißen Streifen mehr vorhanden sind. Die Pekannüsse unterziehen und die Masse in die mit Mürbeteig ausgekleidete Backform gießen.

≈ Den Kuchen 45–50 Min. bei 180°C backen. Die Füllung wird fest, doch bleibt an einem hineingestochenen Messer immer etwas Schokolade haften. Wenn der Kuchen abkühlt, entstehen an der Oberfläche zumeist Risse.

ABWANDLUNG:

≈ Den Bourbon weglassen. Statt dessen 1 EL Instantkaffee zur geschmolzenen Schokolade geben und dem Eigelb 1 TL Vanille-Essenz hinzufügen.

BATATENKUCHEN MIT PEKANNÜSSEN

Dieser Kuchen vereint zwei typische Elemente der Louisiana-Küche: pikantes Batatenpüree und süße knusprige Pekannüsse. Der Kuchen wird mit gesüßter Schlagsahne serviert.

ERGIBT 1 KUCHEN

Mürbeteigboden mit 20–23 cm Ø, vorgebacken (Rezept S. 104)

FÜLLUNG

5 EL brauner Zucker
3 EL weißer Zucker
1¹/₂ EL Butter
1 Ei, leicht verquirlt
1¹/₂ EL Crème double
1¹/₂ EL naturreine Vanille-Essenz
¹/₄ TL Salz
³/₄ TL Zimt
¹/₄ TL gemahlener Piment
¹/₄ TL geriebene Muskatnuß
¹/₄ TL gemahlener Ingwer
350 g Batatenpüree (siehe Anmerkung)

NUSSKRUSTE

50 g brauner Zucker
50 g weißer Zucker
4 EL Golden Syrup (heller Zuckerrohrsirup)
1 Ei
15 g Butter, zerlassen
1 TL naturreine Vanille-Essenz
1 Prise Salz
100 g Pekannußhälften

OFENTEMPERATUR: 160°C

≈ Für die Füllung den braunen und den weißen Zucker mit der Butter schaumig schlagen. Dann Ei, Sahne, Vanille-Essenz und Gewürze unterheben. Das Batatenpüree hinzufügen und die Zutaten glattrühren.

≈ Für die Nußkruste in einer Schüssel den braunen und den weißen Zucker mit dem Zuckerrohrsirup verrühren. Ei, Butter, Vanille-Essenz und Salz dazugeben und alles etwa 1 Min. durchschlagen, bis die Masse schaumig ist. Die Pekannüsse unterrühren.

≈ Die Batatenfüllung in der mit Mürbeteig ausgekleideten Backform verteilen. Den Nußsirup darübergießen und glattstreichen, damit die Füllung vollständig davon bedeckt ist. Etwa 1³/₄ Std. bei 160°C backen, bis ein in der Mitte hineingestochenes Messer sauber wieder herausgezogen werden kann.

ANMERKUNG:

≈ Für dieses Rezept können auch Bataten aus der Dose verwendet werden, doch dürfen sie nicht in Sirup eingelegt sein. Frische Bataten im Backofen garen und dann zu Püree verarbeiten.

SCHOKOLADEN-ESPRESSO-KUCHEN

Diesen sehr schweren Kuchen serviert man in kleinen Stücken. Er fällt in der Mitte zusammen, nachdem man ihn gebacken hat. Dies läßt sich auf Wunsch kaschieren, indem man Sahne in die Vertiefung gibt. Anderenfalls wird der Kuchen nur mit Sahne garniert. Man sollte ausschließlich Schokolade bester Qualität verwenden. Der Kuchen schmeckt am besten mit Raumtemperatur, da sein volles Aroma so am besten zur Geltung kommt.

FÜR 12–16 PERSONEN

450 g Halbbitter-Schokolade
225 g Butter
4 TL Instant Espresso-Pulver
100 g Zucker
5 Eier
gesüßte Schlagsahne
Mokkabohnen

OFENTEMPERATUR: 120°C

≈ Den Boden und die Seiten einer 20 cm großen Springform mit Butter einfetten.

≈ Die Schokolade mit der Butter im Wasserbad schmelzen.

≈ Das Espressopulver in 2 EL kochendem Wasser auflösen und zur geschmolzenen Schokolade geben. Rühren, bis die Mischung glatt ist. Den Zucker hinzufügen und alles etwa 5 Min. erhitzen, bis sich der Zucker aufgelöst hat. (Darauf achten, daß das Wasser des Wasserbades nicht zum Kochen kommt, da die Schokolade sonst einen unangenehmen Beigeschmack bekommen kann.) Vom Herd nehmen und 10 Min. abkühlen lassen.

≈ In einer großen Schüssel die Eier schaumig schlagen. Eßlöffelweise etwas Schokoladensauce dazugeben und langsam unterrühren, damit das Ei nicht stockt. Dann die restliche Schokolade hinzufügen. Die Masse gut umrühren und in die vorbereitete Springform gießen. Den Kuchen etwa 2 Std. backen, bis ein in der Mitte hineingestochenes Spießchen sauber bleibt, wenn man es wieder herauszieht. Auf Raumtemperatur abkühlen lassen.

≈ Unmittelbar vor dem Servieren mit Schlagsahne und Mokkabohnen garnieren.

RECHTS Eine Fächerpalme im Louisiana-Bayou, dem größten Sumpfgebiet Nordamerikas. Mit Brackwasser in den tiefgelegenen Salzmarschen am Golf von Mexiko und Süßwasser weiter flußaufwärts bietet der Bayou eine Fülle von Fisch, Meeresfrüchten und Wildgeflügel.

REISAUFLAUF

Dieser Auflauf läßt sich ausgezeichnet aus übriggebliebenem Reis zubereiten. Es liegt allerdings nahe, absichtlich zuviel Reis zum Abendessen zu kochen, um einen Anlaß zu haben, diese köstliche Nachspeise genießen zu können.

FÜR 6 PERSONEN

350 ml Milch
25 g Butter, zerlassen
4 Eier, leicht verquirlt
75 g Zucker
1 TL naturreine Vanille-Essenz
1 TL abgeriebene Zitronenschale
1/2 TL Zimt
1/4 TL geriebene Muskatnuß
75 g Rosinen
225 g gegarter Reis

OFENTEMPERATUR: 160°C

≈ In einer großen Schüssel alle Zutaten – außer dem Reis – verrühren. Damit die Gewürze nicht verklumpen, einen Schneebesen benutzen. Den Reis unterheben.

≈ Eine Auflaufform von 1,25 l Fassungsvermögen mit Butter einfetten. Die Reismischung hineingeben und etwa 1 Std. im Ofen backen, bis die Eiercreme fest geworden ist; den Auflauf nach etwa 15 Min. umrühren. Warm servieren.

REISAUFLAUF

LIMETTEN-MOUSSE

Dieses leichte, kalte Dessert ist ein perfekter Abschluß für ein schweres, scharfes Cajun-Essen. Man sollte unbedingt frischen Limettensaft verwenden und die Mousse bereits am Vormittag zubereiten, damit sie auskühlen und fest werden kann. Besonders ansprechend sieht es aus, wenn man die Schaumcreme in großen Stielgläsern serviert.

FÜR 6–8 PERSONEN

1 Päckchen Gelatine
7 Eigelb
225 g Zucker
120 ml frisch gepreßter Limettensaft
1 EL abgeriebene Limettenschale
7 Eiweiß
150 ml Schlagsahne

≈ In einer kleinen Schüssel die Gelatine in 3 EL Wasser auflösen. Beiseite stellen. Damit die Gelatine flüssig bleibt, kann man die Schüssel, wenn nötig, bei sehr schwacher Hitze in ein Wasserbad stellen.

≈ In einer Schüssel das Eigelb verquirlen, dann den Zucker dazugeben und die Masse schaumig schlagen. Limettensaft und Limettenschale hinzufügen und die Schüssel in ein Wasserbad setzen. Bei niedriger Temperatur die Masse etwa 10 Min. unter ständigem Rühren leicht stocken lassen.

≈ Von der Kochstelle nehmen, die Gelatine einrühren und zum Abkühlen beiseite stellen.

≈ In einer Schüssel das Eiweiß steif schlagen. Den Eischnee nach und nach unter die Eigelbmasse heben.

≈ In einer Schüssel die Sahne schlagen. Die Schlagsahne nach und nach unter die Schaumcreme ziehen, bis sie glatt ist und keine Streifen mehr zu sehen sind.

≈ In eine große Servierschüssel, Portionsschälchen oder Stielgläser füllen und für wenigstens 3 Std. in den Kühlschrank stellen.

PFIRSICH-AMARETTO-EISCREME

Welch köstliche Art und Weise, den Sommer zu zelebrieren! Diese Eiscreme wird aus einer gehaltvollen Eiercreme und saftigen, süßen, frischen Pfirsichen zubereitet. Notfalls kann man auch tiefgefrorene Früchte nehmen, doch ist das Egebnis nicht ganz so gut. Eine weitere Zutat sind Amaretti – leichte, knusprige italienische Kekse aus Eiweiß und Mandeln. Außerdem benötigt man eine Eismaschine mit 1,75 l Fassungsvermögen.

ERGIBT 1,75 L EISCREME

350 ml Crème double
350 ml Vollmilch
3 Eigelb
225 g Zucker
1 TL naturreine Vanille-Essenz
1,75 kg frische Pfirsiche, Haut abgezogen, entkernt und gehackt
1 EL Amaretto-Likör oder 1 TL naturreiner Mandel-Extrakt
275 g Amaretti-Kekse, grobgehackt

≈ In einem Topf Sahne und Milch aufkochen. Von der Kochstelle nehmen und 10 Min. abkühlen lassen.

≈ In einer kleinen Schüssel 3 Eigelb verquirlen. Den Zucker hinzufügen und weiterschlagen, bis die Mischung schaumig und hellgelb ist. Einige Löffel der warmen Sahne unter die Eimasse rühren, um ihre Temperatur leicht zu erhöhen, ohne daß das Ei stockt. Einige weitere Löffel Sahne hinzufügen und dann die Eimischung unter die restliche Sahne schlagen. Die Eiercreme bei mittlerer Temperatur erhitzen, bis sie leicht eindickt; nicht kochen lassen. Vom Herd nehmen und die Vanille-Essenz unterrühren. Mehrere Stunden – wenigstens aber für 30 Min. – kalt stellen.

≈ In der Zwischenzeit die vorbereiteten Pfirsiche pürieren; es werden 475 ml grobes Pfirsichpüree benötigt. Amaretto oder Mandel-Extrakt hinzufügen und etwa 1 Std. stehenlassen.

≈ Die kalte Eiercreme und das Pfirsichpüree in die Eismaschine füllen. Wenn das Gerät so konstruiert ist, daß sich weitere Zutaten später mühelos hinzufügen lassen, die gehackten Amaretti erst dazugeben, wenn das Eis halb gefroren ist. Anderenfalls direkt hinzufügen. Die fertige Eiscreme bis zum Servieren in das Gefrierfach stellen.

LINKS *Ein Lokal in New Orleans offeriert Mint-Julep, einen traditionellen Drink der Südstaaten, der gewöhnlich aus Bourbon, Zuckersirup und frischer Minze gemixt wird.*

PFIRSICHKUCHEN MIT HIMBEERFÜLLUNG

Dieser Kuchen schmeckt köstlich! Mit frischen Pfirsichen als Belag und einer Himbeerquarkschicht darunter sieht er wunderschön und verlockend aus. Man sollte unbedingt frische Himbeeren und Pfirsiche verwenden, da tiefgefrorene Früchte zuviel Saft ziehen und die Füllung dann zerläuft und unansehnlich wird.

FÜR 8 PERSONEN

FÜLLUNG

175 g Quark
6 EL saure Sahne
50 g Zucker
1 Eigelb
1 TL naturreine Vanille-Essenz
1 TL Zitronensaft
75 g frische Himbeeren
4 frische Pfirsiche, Haut abgezogen, in Scheiben geschnitten
4 EL Aprikosenmarmelade

MÜRBETEIGBODEN

100 g Mehl
25 g Zucker
1 Prise Salz
75 g kalte Butter
½ TL abgeriebene Zitronenschale
2–3 EL Eiswasser

OFENTEMPERATUR: 190°C

≈ Als erstes den Mürbeteig herstellen. Dazu die Butter in einer mittelgroßen Schüssel mit zwei scharfen Messern unter das Mehl hacken, bis feine Streusel entstehen. Eßlöffelweise das Wasser hinzufügen und mit den Händen einarbeiten, bis der Teig zusammenhält. Dies geht auch mit einer Küchenmaschine.

≈ Den Teig zu einer Kugel formen, in Klarsichtfolie wickeln und für mindestens 1 Std. in den Kühlschrank legen. Den Mürbeteig 1 Std. bevor er ausgerollt werden soll, aus dem Kühlschrank nehmen und bei Raumtemperatur liegen lassen.

≈ Den Teig zu einer runden Platte von 28–30 cm Durchmesser ausrollen und eine 23 cm große Obstkuchenform damit auskleiden. Den Teig am Rand etwas überstehen lassen und mit Daumen und Zeigefinger wellenförmig zusammendrücken. Alufolie darüberlegen und zum Blindbacken getrocknete Erbsen oder Bohnen einfüllen. Den Teigboden 20 Min. bei 190°C backen. Dann die Alufolie mit den Hülsenfrüchten herausnehmen und den Boden weitere 10 Min. backen. Vor dem Füllen abkühlen lassen.

≈ Für die Füllung Quark, saure Sahne und Zucker in eine Schüssel geben und mit einem elektrischen Handrührgerät verrühren. Dann unter

Rühren Eigelb, Vanille-Essenz, Zitronensaft und Himbeeren hinzufügen Die Füllmasse auf dem abgekühlten Mürbeteig verteilen.

≈ Den Backofen wieder auf 190°C vorheizen. Die Pfirsiche dekorativ auf die Quarkfüllung legen. Die Aprikosenmarmelade erhitzen, durch ein Sieb streichen und die Pfirsiche damit überziehen. Etwa 25 Min. bei 190°C backen, bis die Füllung fest geworden ist.

KÄSEKUCHEN MIT KROKANT

Dieser köstliche Kuchen erfordert einige zeitaufwendige, aber einfache Arbeitsschritte. Am besten bereitet man ihn daher schon am Morgen oder bereits am Vorabend zu. Das Ergebnis ist eine cremige Füllung mit leckerem Nußsirup und eine außergewöhnliche Glasur mit saurer Sahne.

Die kandierten Pekannüssen kommen als letztes auf den Kuchen, sollten aber als erstes zubereitet werden, damit die Zuckerschicht fest werden kann. Zum Kochen des Zuckers ist ein Zuckerthermometer erforderlich.

FÜR 12 PERSONEN

KANDIERTE PEKANNÜSSE

50 g weißer Zucker
50 g heller brauner Zucker
50 g Pekannußhälften

≈ Den weißen und braunen Zucker mit 3 EL Wasser in einen kleinen Topf geben und unter ständigem Rühren zum Kochen bringen. Den Sirup 1 Min. im geschlossenen Topf kochen lassen, damit sich die Zuckerkristalle am Topfrand auflösen. Den Deckel abnehmen und den Zucker unter ständigem Rühren kochen, bis seine Temperatur 110°C erreicht hat. Die Pekannüsse hinzufügen und rühren, bis sie gleichmäßig überzogen sind. Die Nüsse aus dem Sirup nehmen und auf ein ungefettetes Backblech legen. Vom Blech entfernen, sobald der Zuckerüberzug fest geworden ist, da die Nüsse sonst am Backblech festkleben.

KUCHENBODEN

125 g Weizenvollkorn-Kekse, zerkrümelt
50 g Pekannüsse, gemahlen
50 g brauner Zucker
5 EL zerlassene Butter

OFENTEMPERATUR: 180°C

≈ Alle Zutaten gründlich vermengen. Die krümelige Masse in eine 23 cm große Springform füllen und gegen den Boden und die Seiten drücken. Der Rand der Springform muß wenigstens 6,5 cm hoch, der Teigrand jedoch nicht ganz so hoch sein. Den Boden 8 Min. backen. Dann abkühlen lassen.

FÜLLUNG

275 g Zucker
675 g Quark
225 g Ricotta
2 TL frisch gepreßter Zitronensaft
1 TL naturreine Vanille-Essenz
3 Eier

≈ Zucker, Quark und Ricotta mit dem Handrührgerät verrühren. Zitronensaft und Vanille-Essenz einrühren. Nacheinander die Eier unterrühren. Die Füllung beiseite stellen.

NUSS-SIRUP

50 g Butter
100 g heller brauner Zucker
4 EL Crème double
2 EL Golden Syrup (heller Zuckerrohrsirup)
25 g Pekannüsse, feingehackt
½ TL naturreine Vanille-Essenz

≈ In einem schweren mittelgroßen Topf bei niedriger Temperatur die Butter zerlassen. Sobald sie flüssig ist, Zucker, Sahne und Zuckerrohrsirup hinzufugen. Wenn sich der Zucker aufgelöst hat und die Mischung glatt ist, die Pekannüsse dazugeben. Bei mittlerer Hitze 3 Min. unter häufigem Rühren köcheln lassen. Den Topf von der Kochstelle nehmen und die Vanille-Essenz einrühren.

≈ Ein Drittel der Quarkfüllung auf dem Teigboden in der Springform verteilen und mit einem Drittel des Nußsirups beträufeln. Der Sirup soll die Füllung nicht gleichmäßig überziehen, sondern kleine Rinnsale bilden. Ein weiteres Drittel der Quarkmasse einfüllen und mit Sirup beträufeln. Das Ganze mit der restlichen Füllung und dem verbliebenen Sirup wiederholen. Den Kuchen etwa 1 Std. bei 180°C backen, bis er leicht gebräunt ist. Auf Raumtemperatur abkühlen lassen, dann aus der Springform nehmen und in den Kühlschrank stellen.

GLASUR

175 ml saure Sahne
25 g Puderzucker
½ TL naturreine Vanille-Essenz

≈ Alle Zutaten miteinander verrühren. Den abgekühlten Käsekuchen mit der Glasur überziehen und mit den kandierten Pekannüssen verzieren.

BRUNCH

HEFEKRAPFEN

Diese süßen Hefekrapfen werden heiß gegessen und mit Kaffee serviert.

ERGIBT ETWA 30 STÜCK

120 ml Wasser, auf 35°C erhitzt
1 Päckchen (7 g) Trockenhefe
2 TL Zucker
175 ml Milch
1/2 TL naturreine Vanille-Essenz
3 EL zerlassene Butter
1 Ei, leicht verquirlt
75 g Zucker
1 TL Salz
1/2 TL geriebene Muskatnuß
425 g Mehl
Pflanzenöl zum Fritieren
Puderzucker

≈ In einer kleinen Schüssel die Hefe mit 2 TL Zucker im warmen Wasser anrühren. Etwa 10 Min. stehenlassen, bis sich eine Schaumkrone auf der Flüssigkeit gebildet hat. (Zeigen sich keine Blasen, ist das Wasser entweder zu kalt, um die Hefezellen zu aktivieren, oder es ist zu heiß, und die Hefezellen sind abgestorben.)

≈ In der Zwischenzeit Milch, Vanille-Essenz, Butter, Ei, 75 g Zucker, Salz und Muskat verrühren. Die aufgegangene Hefe dazugeben und unterrühren. Das Mehl in Portionen von etwa 100 g untermischen. Wenn 350 g Mehl untergemischt sind, den Teig mit den Händen durchkneten und eßlöffelweise weiteres Mehl einarbeiten, bis der Teig nicht mehr klebrig ist. Dann 8–10 Min. durchkneten, bis er glatt und geschmeidig ist.

≈ Den Hefeteig in eine eingeölte Schüssel legen und darin wenden, um ihn mit Öl zu überziehen. Mit einem Tuch abdecken und etwa 1 1/2 Std. an einem warmen Platz gehen lassen, bis sich sein Volumen verdoppelt hat.

≈ Den aufgegangenen Hefeteig kräftig durchkneten, damit die entstandenen Gase entweichen. Dann auf der leicht bemehlten Arbeitsfläche 1 cm dick ausrollen. Den ausgerollten Teig in 5 cm breite Streifen und dann schräg in Rauten schneiden. Die Rauten auf ein ungefettetes Backblech legen. Die Teigreste sammeln, zusammenkneten, erneut ausrollen und weitere Rauten schneiden, bis der Teig aufgebraucht ist. Die Teigstücke mit einem Küchentuch abdecken und etwa 1 Std. an einem warmen Platz gehen lassen, bis sich ihr Volumen verdoppelt hat.

≈ In eine hohe Bratpfanne oder einen Wok 7,5 cm hoch Öl gießen und das Öl auf 185°C erhitzen. (Vorsicht: Wenn Öl über 180°C erhitzt wird, steigt die Temperatur sehr rasch weiter.) Jeweils 4 oder 5 Krapfen in das heiße Öl gleiten lassen, so daß sie sich nicht berühren. Die Krapfen 2–3 Min. auf jeder Seite goldbraun fritieren. Dann herausnehmen, auf Küchenkrepp abtropfen lassen und im Ofen warm halten, während die übrigen Krapfen fritiert werden. Das Öl vor jeder Partie wieder auf 185°C erhitzen.

≈ Die heißen Krapfen mit Puderzucker bestäuben.

ARTISCHOCKEN MIT KREBSFLEISCH

Bei diesem überaus gehaltvollen Brunch-Gericht werden Artischocken-böden mit Krebsfleisch gefüllt, mit einem pochierten Ei bedeckt und mit einer Schnittlauch-Hollandaise überzogen. Wenn keine Artischocken erhältlich sind, kann man sie durch halbierte englische Muffin-Brötchen ersetzen. Die Artischockenböden sollten im voraus gegart werden, und auch die Krebsfleischfüllung kann man vorher zubereiten. Nach der hier beschriebenen Methode ist die Zubereitung der Hollandaise besonders einfach.

FÜR 6 PERSONEN

25 g Butter
6–8 große frische Champignons, grobgehackt
1 Knoblauchzehe, feingehackt
4 Frühlingszwiebeln, gehackt
1 Msp. Cayennepfeffer
5–7 EL Crème double
225 g frisches Meereskrebsfleisch, verlesen
1–2 EL Semmelbrösel
Salz zum Abschmecken
6 Artischockenböden, gegart und geputzt
6 pochierte Eier

SCHNITTLAUCH-HOLLANDAISE

4 Eigelb (mit Raumtemperatur)
2 EL frisch gepreßter Zitronensaft
1 EL Schnittlauchröllchen
1/2 TL Salz
1 Msp. Cayennepfeffer
175 g Butter

≈ In einer mittelgroßen Bratpfanne die Butter zerlassen. Champignons und Knoblauch 3–4 Min. garen. 3 gehackte Frühlingszwiebeln dazugeben und 2 Min. mitgaren. Cayennepfeffer und 5 EL Sahne einrühren. Krebsfleisch, verbliebene Frühlingszwiebeln und 1 EL Semmelbrösel unterheben. Nach Bedarf weitere Sahne oder Semmelbrösel hinzufügen, um die Füllung anzufeuchten oder zu binden. Mit Salz abschmecken.

≈ Die Butter zerlassen und aufschäumen, aber nicht bräunen lassen. Alle anderen Saucenzutaten 3 Sek. mit dem Handrührgerät verrühren, dann bei laufendem Gerät langsam die heiße Butter dazugießen, bis die Sauce eine hellgelbe Farbe annimmt und leicht eindickt. Die Butter muß heiß hinzugefügt werden, da die Sauce sonst nicht eindickt.

≈ Die Krebsfleischfüllung auf den 6 Artischockenböden verteilen. Jeweils ein pochiertes Ei daraufsetzen und mit Schnittlauch-Hollandaise überziehen.

REISKRAPFEN

Diese süßen Reiskuchen werden fritiert, mit Puderzucker bestreut und als Gebäck zum Frühstück gereicht. Heiß schmecken sie besonders gut, und man wird sich kaum mit ein oder zwei Krapfen begnügen.

ERGIBT ETWA 20 STÜCK

2 Eier
5 EL Zucker
2 TL naturreine Vanille-Essenz
1/2 TL geriebene Muskatnuß
1/2 TL abgeriebene Zitronenschale
1/2 TL Salz
2 TL Backpulver
225 g kalter gegarter Reis
100 g Mehl
Pflanzenöl zum Fritieren
Puderzucker

≈ Eier und Zucker in einer Rührschüssel mit dem Handrührgerät schlagen, bis die Masse eine hellgelbe Farbe hat. Vanille-Essenz, Muskat, abgeriebene Zitronenschale, Salz, Backpulver und Reis dazugeben und die Zutaten gründlich vermischen. Die Masse mit etwa 100 g Mehl binden.

≈ In eine hohe Bratpfanne oder einen Wok 7,5 cm hoch Öl gießen und das Öl auf 185°C erhitzen. (Vorsicht: Wenn Öl über 180°C erhitzt wird, steigt die Temperatur sehr rasch weiter.) Mit einem Teelöffel einige kleine Krapfen abstechen und in das heiße Öl gleiten lassen. Die Reiskrapfen in etwa 4 Min. goldbraun fritieren; zwischendurch einmal wenden. Aus dem Öl nehmen, kurz auf Küchenkrepp abtropfen lassen und im Ofen warm halten, während die übrigen Krapfen fritiert werden. Das Öl vor jeder Partie wieder auf 185°C erhitzen.

≈ Den Puderzucker über die Krapfen sieben.

REISKRAPFEN

BATATEN-MUFFINS MIT PEKANNÜSSEN

Diese Brötchen sind eine köstliche und kalorienärmere Alternative zu anderem Frühstücksgebäck, wie etwa Hefekrapfen (Rezept S. 113) oder Pekannuß-Hörnchen (Rezept S. 117). Haferkleie gibt dem würzigen Teig eine interessante Struktur. Für das Batatenpüree können frische Bataten im Ofen gegart und anschließend püriert werden, oder man ersetzt es durch eingelegten Kürbis. In Sirup eingelegte Bataten sollte man jedoch keinesfalls verwenden.

Wer große Muffins bevorzugt, kann die Förmchen bis zum Rand mit Teig füllen. Für kleinere Muffins die Förmchen nur zu zwei Dritteln füllen und die Backzeit auf 18–20 Min. verkürzen.

ERGIBT 15–24 STÜCK

175 g Mehl
75 g Weizenvollkornmehl
5 EL Haferkleie
1¼ TL Backpulver
¾ TL Natron
½ TL Salz
275 g heller brauner Zucker
1½ TL gemahlener Zimt
¾ TL geriebene Muskatnuß
1 TL abgeriebene Zitronenschale
5 EL Pflanzenöl
3 Eier, leicht verquirlt
350 g Batatenpüree
150 g Pekannüsse, grobgehackt

OFENTEMPERATUR: 200°C

≈ Zwei Muffin-Backformen leicht einfetten.

≈ In einer großen Schüssel alle trockenen Zutaten – einschließlich der Zitronenschale – vermischen.

≈ In einer zweiten Schüssel Öl, Eier, 175 ml Wasser und Batatenpüree verrühren. Zu der Mehlmischung geben und alles gründlich verrühren. Die Pekannüsse unterrühren.

≈ Den Teig in die vorbereiteten Förmchen füllen. 24–27 Min. bei 200°C backen, bis ein in der Mitte hineingestochenes Spießchen sauber wieder herausgezogen werden kann.

GEBRATENER MAISBREI

Soll der gebratene Maisbrei in gleichmäßig runden Scheiben auf den Tisch kommen, muß man den warmen Brei in eine Konservendose füllen und nach dem Abkühlen den Boden herausschneiden, um den Maisbrei herausdrücken und in runde Scheiben schneiden zu können. Wird der Maisbrei wie hier in eine Kastenform gefüllt, sehen die gebratenen Scheiben zwar nicht ganz so hübsch aus, schmecken aber ebenso gut. Man serviert sie zum Frühstück mit Butter und Ahornsirup – oder reicht sie anstelle von Reis als Beilage zu Gumbos oder anderen Eintopfgerichten.

FÜR 6–8 PERSONEN

1 TL Salz
1 EL Zucker
50 g Butter
350 g Maismehl
Pflanzenöl oder ausgelassenes Fett von Frühstücksspeck zum Braten

≈ In einem mittelgroßen Topf 1,15 l Wasser zum Kochen bringen. Salz, Zucker und Butter hinzufügen. Das Maismehl in kleinen Portionen unterrühren, damit sich keine Klümpchen bilden. Bei mittlerer Temperatur unter ständigem Rühren erhitzen. Auch wenn das Maismehl nach einigen Minuten aufgequollen ist, den Maisbrei noch weitere 10 Min. garen, damit er seinen Mehlgeschmack verliert.

≈ Den Maisbrei in eine 24 x 14 cm große Kastenform füllen und für wenigstens 1 Std. in den Kühlschrank stellen, damit er fest wird.

≈ In einer mittelgroßen Bratpfanne das Öl erhitzen. Den Maisbrei in 1–2 cm dicke Scheiben schneiden und partienweise jeweils 6–8 Min. von jeder Seite braten, bis er goldbraun und knusprig ist. Im Ofen warm halten, während die restlichen Scheiben gebraten werden.

PEKANNUSS-HÖRNCHEN

Diese Hörnchen aus Hefeteig und einer süßen Nußfüllung sind unwiderstehlich, wenn man sie warm serviert.

ERGIBT 24–32 HÖRNCHEN

TEIG

1 Päckchen (7 g) Trockenhefe
75 g Zucker
120 ml Wasser, auf 35°C erhitzt
2 Eier, leicht verquirlt
120 ml Crème double
5 EL zerlassene Butter
1 TL Salz
425 g Mehl

FÜLLUNG

120 ml zerlassene Butter
225 g heller brauner Zucker
4 TL Zimt
100 g Pekannüsse, feingehackt

OFENTEMPERATUR: 190°C

≈ Für den Hefeteig in einer kleinen Schüssel oder einem Meßbecher die Hefe mit dem Zucker und dem Wasser verrühren. Etwa 10 Min. stehenlassen, bis sich auf der Flüssigkeit eine Schaumkrone gebildet hat. (Zeigen sich keine Blasen, geht der Hefeteig später nicht auf. Das Wasser muß die richtige Temperatur haben. Ist es zu kalt, werden die Hefezellen nicht aktiviert, ist es zu heiß, sterben die Hefezellen ab.)

≈ In der Zwischenzeit Eier, Sahne, Zucker, Butter und Salz verrühren. Die aufgegangene Hefe dazugeben und unterrühren. Das Mehl in Portionen von etwa 100 g untermischen. Wenn 350 g Mehl untergemischt sind, den Teig mit den Händen durchkneten und eßlöffelweise weiteres Mehl einarbeiten, bis der Teig nicht mehr klebrig ist. Dann 8–10 Min. durchkneten, damit der Teig glatt und geschmeidig wird.

≈ Den Hefeteig in eine eingeölte Schüssel legen und darin wenden, um ihn mit Öl zu überziehen. Mit einem Tuch abdecken und etwa 1½ Std. an einem warmen Platz gehen lassen, bis sich sein Volumen verdoppelt hat.

≈ Für die Nußfüllung zerlassene Butter, Zucker und Zimt zu einer Paste verrühren und dann die Pekannüsse untermischen.

≈ Den aufgegangenen Hefeteig kräftig durchkneten. Den Teig halbieren und jede Portion auf der leicht bemehlten Arbeitsfläche zu einer runden Teigplatte von etwa 38 cm Durchmesser ausrollen. Jede Teigplatte wie eine Torte in 12–16 Stücke schneiden.

≈ Jeweils die Hälfte der Nußmasse auf den flachen Teigecken verteilen, so daß sich am äußeren Rand mehr Füllung befindet als in der Mitte. Die einzelnen Teigstücke vom äußeren Rand aus aufrollen und die Enden ein wenig nach innen biegen, so daß halbmondförmige Hörnchen entstehen. Die Hörnchen auf gefettete Backbleche legen, mit einem Tuch abdecken und etwa 1½ Std. an einem warmen Platz gehen lassen.

≈ Die Hörnchen 12–15 Min. bei 190°C backen. Darauf achten, daß herausgelaufener Zucker nicht verbrennt, da die Hörnchen sonst einen unangenehmen Geschmack bekommen.

CAJUN-FRÜHSTÜCK

Für Cajun Strata werden traditionelle Frühstücksspeisen – Eier, Würstchen und Brot – zusammen in einer Auflaufform gegart. Man sollte die Zutaten bereits am Vortag in die Form füllen und dann 1 Std. vor dem Frühstück in den Ofen schieben. Man reicht dazu frisches Obst.

FÜR 8 PERSONEN

2 EL Pflanzenöl

225 g Zwiebeln, gehackt

225 g Champignons, in Scheiben geschnitten

2 Knoblauchzehen, feingehackt

1 Stange Bleichsellerie, gehackt

200 g altbackenes Brot (französisches, italienisches oder Sauerteigbrot), gewürfelt

450 g Andouille, in dünne Scheiben geschnitten

350 g Cheddar-Käse, gerieben

4–5 Frühlingszwiebeln, gehackt

4 Eier, leicht verquirlt

475 ml Milch

1 EL Dijon-Senf

1 TL Salz

1 TL gemahlener Kreuzkümmel

¹/₄ TL schwarzer Pfeffer

¹/₄ TL Cayennepfeffer

OFENTEMPERATUR: 180°C

≈ In einer Bratpfanne die Butter zerlassen. Zwiebeln, Pilze, Knoblauch und Bleichsellerie in etwa 5 Min. weich garen. Beiseite stellen.

≈ Eine 23 x 33 cm große ofenfeste Form dünn mit Öl einpinseln. Die Hälfte der Brotwürfel darin verteilen. Dann lagenweise die Hälfte der Wurst, des Käses und der Gemüsemischung hineingeben und die Frühlingszwiebeln darüberstreuen. Die verbliebenen Zutaten in gleicher Weise schichtweise hineinlegen.

≈ In einer kleinen Schüssel Eier, Milch, Senf und Gewürze verrühren und über die Zutaten in der Auflaufform gießen. Zugedeckt über Nacht in den Kühlschrank stellen, damit das Brot die Flüssigkeit aufnimmt.

≈ Bei 180°C etwa 1 Std. im Backofen garen.

SCHWEINEFLEISCHRAGOUT MIT MAISGRÜTZE

Bei diesem herzhaften Frühstücksgericht nimmt die Maisgrütze die dicke, kräftige Ragoutsauce in sich auf. Mit Reis kann man das Fleischragout auch zum Abendessen servieren. Die Maisgrütze entweder wie unten angegeben oder nach Anweisung auf der Verpackung garen.

FÜR 4–6 PERSONEN

³/₄ TL Salz
¹/₂ TL schwarzer Pfeffer
¹/₂ TL Cayennepfeffer
¹/₂ TL Zwiebelpulver
¹/₂ TL Knoblauchpulver
¹/₂ TL Senfpulver (ersatzweise gemahlene Senfkörner)
¹/₂ TL getrockneter Salbei
450 g Schweinefleisch ohne Knochen, in Streifen geschnitten
2–3 EL Pflanzenöl
100 g Schweineschmalz
50 g Mehl
100 g Zwiebeln, gehackt
1 Stange Bleichsellerie, gehackt
1 kleine grüne Paprikaschote, gehackt
1 Knoblauchzehe, zerdrückt
475 ml Rinderfond
2 Tomaten, entkernt und gehackt

MAISGRÜTZE

1 TL Salz
225 g Maisgrütze
3 EL Butter
1 Ei, leicht verquirlt

≈ In einer mittelgroßen Schüssel die Gewürze vermischen. Das in Streifen geschnittene Schweinefleisch darin wenden, bis es gleichmäßig mit der Gewürzmischung überzogen ist. Mehrere Stunden oder über Nacht im Kühlschrank durchziehen lassen.

≈ In einer Bratpfanne bei hoher Temperatur das Öl erhitzen. Das Schweinefleisch dazugeben und anbräunen. Beiseite stellen.

≈ In einem großen Topf aus dem Schweineschmalz und dem Mehl eine mittelbraune Roux zubereiten (Rezept S. 15). Den Topf vom Herd nehmen. Zwiebeln, Bleichsellerie, Paprikaschote und Knoblauch hinzufügen und rühren, bis die Roux nicht mehr dunkler wird. Zurück auf die Kochstelle setzen und alles etwa 5 Min. garen, bis das Gemüse weich ist.

≈ In einem zweiten Topf den Rinderfond zum Kochen bringen. Den Fond nach und nach unter die Roux rühren. Tomaten und Schweinefleisch hinzufügen und das Ganze aufkochen lassen. Dann die Hitze reduzieren und die Zutaten 45 Min. im offenen Topf köcheln lassen.

≈ In der Zwischenzeit die Maisgrütze zubereiten. Dazu in einem großen Topf 900 ml Wasser zum Kochen bringen. Das Salz hinzufügen und nach und nach die Maisgrütze einrühren. Dann die Temperatur reduzieren und die Grütze etwa 10 Min. unter ständigem Rühren garen, bis sie das gesamte Wasser aufgenommen und ihren rohen Geschmack verloren hat. Die Butter und das Ei unterrühren.

≈ Das Schweinefleischragout abschmecken, über die Maisgrütze schöpfen und servieren.

SAUCEN UND DRESSINGS

★

COCKTAIL-SAUCE

TATARENSAUCE

Wird diese scharfe Sauce mit selbstgemachter statt mit gekaufter Mayonnaise zubereitet, das Olivenöl und die saure Sahne weglassen.

ERGIBT ETWA 300 ML

2 EL Olivenöl
250 ml Mayonnaise
2 EL saure Sahne
1 EL frisch gepreßter Zitronensaft
50 g süß-sauer eingelegtes Gemüse, gehackt
1 EL gehackte Kapern
2 EL feingehackte Frühlingszwiebeln
1 Knoblauchzehe, feingehackt
½ TL Salz
¼ TL schwarzer Pfeffer

≈ In einer kleinen Schüssel das Olivenöl unter die Mayonnaise rühren. Die saure Sahne und dann die übrigen Zutaten einrühren. Für wenigstens 2 Std. kalt stellen, damit sich die Aromen verbinden.

COCKTAIL-SAUCE

Diese scharfe rote Meerrettichsauce sollte einige Stunden im voraus zubereitet und zum Durchziehen in den Kühlschrank gestellt werden. Man kann sie zu Garnelen (Rezept S. 65) oder zu fritierten Austern (Rezept S. 22) reichen.

ERGIBT ETWA 300 ML

120 ml Ketchup
120 ml Chili-Sauce (Fertigprodukt)
2 EL geriebener Meerrettich
1 EL Dijon-Senf
1 EL frisch gepreßter Zitronensaft
1 EL Weißweinessig
1 EL Worcestershire-Sauce
2 Frühlingszwiebeln, feingehackt
¼ TL Salz
¼ TL schwarzer Pfeffer
1 Spritzer Tabasco-Sauce

≈ Alle Zutaten in einer mittelgroßen Schüssel verrühren und die Sauce bis zum Servieren in den Kühlschrank stellen.

SENFSAUCE

SENFSAUCE

Diese köstliche scharfe Dip-Sauce kann man anstelle von Cocktail-Sauce zu Meeresfrüchten reichen.

ERGIBT ETWA 300 ML

250 ml saure Sahne
3 EL Dijon-Senf
2 EL Mayonnaise
1 EL gehackter frischer Dill oder 1 TL getrockneter
frisch gemahlener schwarzer Pfeffer

≈ Alle Zutaten in einer kleinen Schüssel verrühren. Die Sauce für mehrere Stunden in den Kühlschrank stellen, damit sich die Aromen verbinden.

VINAIGRETTE

Dieses aromatische Dressing paßt ausgezeichnet zu grünem Salat und Nudelsalaten. Nach Belieben kann man auch andere frische Kräuter verwenden.

ERGIBT ETWA 175 ML

120 ml Olivenöl
2 EL Weißweinessig
2 TL frisch gepreßter Zitronensaft
1 Knoblauchzehe, feingehackt
2 TL Dijon-Senf
1 Frühlingszwiebel, feingehackt
1/4 TL Salz
1 gr. Msp. schwarzer Pfeffer
2 TL feingehacktes frisches Basilikum
1 TL feingehackter frischer Oregano

≈ Die Zutaten in einem Glas verrühren und das Dressing mehrere Stunden im Kühlschrank durchziehen lassen.

VINAIGRETTE

BUTTERSAUCE ZU FISCH

Diese gehaltvolle Sahnesauce schmeckt köstlich zu »Fisch mit Krebsfüllung« (Rezept S. 62) oder »Haifisch vom Holzkohlengrill« (Rezept S. 60f).

ERGIBT 4–6 PORTIONEN

1 Frühlingszwiebel, feingehackt
2 EL trockener Weißwein
2 EL Weißweinessig
50 g Butter
4 EL Crème double
Salz
weißer Pfeffer

≈ In einem Topf Zwiebeln, Wein und Essig köcheln lassen, bis die Flüssigkeit auf 1 Eßlöffel eingekocht ist. Auf schwacher Flamme reduzieren und eßlöffelweise die Butter unter die Sauce rühren. Dann die Sahne einrühren. Die Sauce erhitzen, aber nicht kochen lassen. Mit Salz und Pfeffer abschmecken.

ABWANDLUNG:

≈ Zwiebeln, Wein und Essig mit 1 EL gehacktem frischem Dill reduzieren. Einen weiteren Eßlöffel Dill zusammen mit Salz und Pfeffer hinzufügen. Diese Abwandlung der Sauce paßt besonders gut zu Gegrilltem Haifisch (Rezept S. 60f).

REMOULADENSAUCE

Traditionell nimmt man diese Sauce für kalte gegarte Garnelen, die auf grünem Salat angerichtet und beispielsweise mit Tomaten und Oliven garniert werden, doch eignet sie sich auch gut als Dip-Sauce für Meeresfrüchte. Wer selbstgemachte Mayonnaise verwendet läßt das Olivenöl und die saure Sahne weg.

ERGIBT ETWA 225 ML

1 EL Olivenöl
120 ml Mayonnaise
2 EL saure Sahne
1 hartgekochtes Ei, geschält und feingehackt
1 EL Kapern, abgetropft und gehackt
1 Knoblauchzehe, zerdrückt
1 EL feingehackte frische Petersilie
2 Frühlingszwiebeln, feingehackt
2 EL Ketchup
1 TL Zitronensaft
1 EL kreolischer Senf
$^1/_2$ TL geriebener Meerrettich
$^1/_4$ TL Cayennepfeffer
$^1/_4$ TL Salz
1 Spritzer Tabasco-Sauce

≈ In einer mittelgroßen Schüssel zunächst das Olivenöl und dann die übrigen Zutaten unter die Mayonnaise rühren. Die Sauce abschmecken und für mehrere Stunden oder über Nacht zum Durchziehen in den Kühlschrank stellen.